中国传统记忆丛书

图说老物件

中国传统记忆丛书

图说老物件

矫友田 著

济南出版社

岁月到底为我们留下了什么，又带走了什么呢？

在这个日益喧哗和浮躁的红尘中，我们往往轻易地就选择了遗忘：将那些萦绕着童年欢悦的炊烟，以及淳朴的笑容和充满睿智的叮咛，都湮没在慵散的时光里。

假如真是这样，或许有一天，我们会蓦然发现，自己的灵魂之根竟不知该扎往何处。因为，我们已经遗忘了太多本真的记忆。

一个人丢失了本真，就会失去自我；一个民族丢失了传统，就会失去世界。

传统文化，是一个民族的灵魂，也是一个国家的精神基石。留住那些传统的记忆，不仅仅是留住我们心灵的栖息地，更重要的是留住了一眼涌动着美德之水的甘泉。

图书在版编目（CIP）数据

图说老物件 / 矫友田著 . —济南：济南出版社，
2015.2（2023.5 重印）

（中国传统记忆丛书）

ISBN 978-7-5488-1443-6

Ⅰ . ①图…　Ⅱ . ①矫…　Ⅲ . ①散文集—中国—当代

Ⅳ . ① I 267

中国版本图书馆 CIP 数据核字（2015）第 032246 号

出 版 人	崔　刚
丛书策划	张元立
责任编辑	胡瑞成
装帧设计	侯文英

出版发行	济南出版社
地　　址	济南市二环南路 1 号 (250002)
发行热线	0531-86116641　86922073　67817923
编辑热线	0531-86131721　86131722
网　　址	www.jnpub.com
经　　销	新华书店
印　　刷	肥城新华印刷有限公司
版　　次	2023 年 5 月第 1 版第 2 次印刷
规　　格	150 毫米 × 230 毫米　16 开
印　　张	16.25
字　　数	233 千
定　　价	48.00 元

（济南版图书，如有印装错误，请与出版社联系调换。联系电话：0531-86131736）

写在前面

时光荏苒，每个日子都将定格为历史。

回首那一个个渐行渐远的日子，无论是澎湃激情，还是满腹惆怅，都已伴随着岁月的风尘一点点地泛黄，抑或彻底地褪去色泽。

岁月到底为我们留下了什么，又带走了什么呢？

在这个日益喧哗和浮躁的红尘中，我们往往轻易地就选择了遗忘：将那些萦绕着童年欢悦的炊烟，以及淳朴的笑容和充满睿智的叮咛，都湮没在慵散的时光里。

假如真是这样，或许有一天，我们会蓦然发现，自己的灵魂之根竟不知该扎往何处。因为，我们已经遗忘了太多本真的记忆。

一个人丢失了本真，就会失去自我；一个民族丢失了传统，就会失去世界。

传统文化，是一个民族的灵魂，也是一个国家的精神基石。留住那些传统的记忆，不仅仅是留住我们心灵的栖息地，更重要的是留住了一眼涌动着美德之水的甘泉。

正是基于这个目的，我们筹划推出了以"中国传统记忆"为主题的系列图文书，以期将更多传统文化的印记重新展示在你的面前，使你在愉快的阅读中，能够寻找回更多淳朴与本真的景象。在阅读的过程中，你会从那些与历史、民俗相关的记述中，领悟到中华民族传统文化的本源，然后，怀着一颗敬畏的心去面对大千世界的芸芸众生。

以"中国传统记忆"这个主题作为创作主攻的方向至今，我已经陆续在全国各地走访、拍照七八个年头，搜集到了大量的一手资料。期间所经历的酸甜苦辣，都已经化为创作的动力，融入每一行

文字当中。

　　首批推出的"中国传统记忆丛书"共分四册：《图说老祖师》《图说老吉祥》《图说老物件》《图说老家风》。这既是我们在"中国传统记忆丛书"这个系列上的第一次"收获"，也是我们再一次"播种"的开端。我们会尽最大的努力，保证作品文字的生动趣味性和图片的丰富多彩性，从而将其打造成一套既具有阅读价值，又具有收藏意义的系列精品图书。

　　传统记忆，写满了沧桑，也印证了无数的精彩与希冀！

　　我们坚信，第二次、第三次及至更多的"收获"，会伴随我们的努力耕耘，如期而至。

　　如果这套丛书能够得到你的欣赏，为你唤回一些美好的思绪，并让你的心灵因传统文化的润泽而变得更加充实和明朗，我们将倍感欣慰。

　　我们也更愿意继续！

矫友田

2014 年 11 月

目　录

第一辑　古老行当的灵性器具

纺花车

"嗡嗡、嗡嗡……"

纺花车的声音，经常把睡梦中的孩子唤醒。蚊帐外面，一灯如豆。一位勤劳的母亲佝偻着身子，坐在蒲团上，左手牵着棉花条，右手摇着纺车柄。"嗡嗡、嗡嗡"的鸣声与屋外的虫鸣，组成了一首特殊而又优美的小夜曲。

这是过去农村夜晚的一个真实写照。

那时候，几乎家家户户都有纺车。勤劳的农妇们，白天忙着在田间劳作，晚上回家就着煤油灯微弱的光芒，摇起了纺车，一摇就会摇到深夜。慢慢多起来的线槌，可以为孩子们换回来两块做衣服的花布，还有每天都在精打细算的油盐酱醋。

凡是以前有过农村生活经历的人，对纺花车大都怀有深刻的记忆。纺花车除了线轴之外，其他都是用木头制作的。右端是一个用木条拴绳做成的、直径不小于半米的驱动轮，轮子的轴上装有手柄；左端是装在轴承上的线轴，铁做的、直径几毫米，为从动轮。驱动轮与从动轮之间，采用绳子系紧。在摇动手柄的时候，驱动轮转动虽然不快，但细细的线轴却旋转如飞。

在纺线之前，先要将棉花做成条状。然后，在铁轴上装上一个用秸草剥成的套管，从棉条上捻出一个线头，绕在套管上，便可以纺了。

古老的纺花车，样子是那么端庄和亲切，它的歌声仍回荡在许多人的内心深处。

纺线具有很强的技术性，过

在那些贫困的日子里，很多勤劳年轻的母亲，就是这样安静地坐在纺花车前，慢慢地变老。

去的农村妇女大都会纺。她们大都是无师自通，但需要长时间实践，方可熟能生巧，不可能随手拈来。初学乍练时，不是拉不出线，就是拉出的线粗细不均，如蛇吞蛤蟆似的，疙疙瘩瘩。若拿去织布，自然织不出平整的好布来。

在纺线时，左手持棉条拉伸的速度，要与右手转动的纺花车轮速度配合得高度默契。只有达到最高境界，才能纺出好棉线，粗细均匀，松紧适中。纺花车轮转速越快，棉线拉伸就必须同步加快，产量就会越高。熟练者，比初学者不知道要快多少倍。

妇女们爱惜自己的纺花车，就像爱惜自己的眼睛一样，绝不会允许孩子们随意玩耍。在孩子们的眼里，母亲纺线，就像是变魔术似的。有些孩子，喜欢坐在一旁看母亲纺线。

只见母亲手拿一根棉条，轻轻地凑在线轴的尖头上，轻巧运转的线轴便与棉条搅在了一起。此时，她的手向后一拉，划出一道长长的弧线，一根细细的棉线从棉条里面扯了出来。纺花车在"嗡嗡"地响着，她手中的棉条，一会儿工夫就剩下了一小截。

这时候，母亲再取一根棉条，续在前一根的尾巴上，轻轻地捏住，快速摇几下纺车，这样棉线就连续了下来，均匀地绕在一起，渐渐地变成了一个大线槌。

很多时候，那些妇女们会一边纺线，一边给孩子们讲故事。纺车"嗡嗡"的鸣声，伴随着那些迷人的故事，永远地留在孩子们的心里。

纺花车，摇着岁月，摇着生活。那些曾经年轻的农妇，渐渐地变老，直到青丝被岁月染成白发。

纺花车作为一个时代的缩影，早已停止了歌唱。但是，纺花车却真实地见证了母辈们的辛勤与沧桑，它们将永远铭刻在人们的心中。

织布机

中国古代，是一个讲究男耕女织的农业社会。因此，在过去的农村，尤其是江南地区，很多人家都有织布机。

那时候，农家人穿的衣服，大都是用自家织的粗布缝制的。谁家的女主人手巧与不巧，只要一看她们家人的穿戴就知道了。而不是像现在，清一色的机制服装，都是从商场买回来的。

织布工艺看起来简单，其实却非常复杂。从纺线到织成布，需要经过多道复杂的工序。先是纺线、捯线、浆线、排线等，这些工序都完成之后，才能动手织布。

织布机，是中国古代历史上的一项伟大的发明，它使古代男耕女织的社会形态成为一种必然。

手工织布，就是用带线的梭子左右穿行。左手把梭子送向右边，右手接住，这时把机头拉回，把线压紧，再把下线踩下去；然后，右手再把梭子投向左边，左手接住，把机头拉回压紧，再把下线踩下去，这样循环往复。

织布时，双手和双脚都要互相配合协调，才能把布织得平整、光滑、没有疵点。布织好之后，再根据个人的爱好，将其染成黑色、蓝色或者是印花布。

这种布，因为是纯棉手工织成，夏天容易吸汗，穿着透气舒服，特别是做被里，冬天非常暖和。因此，这种布至今仍深受一些老年人的喜爱。

对曾经历过那段贫瘠岁月的人来说，在回忆起童年的时候，他们的眼前往往会不由自主地浮现出母亲坐在织布机前织布的身影。

旧时，有很多妇女一辈子与织布机相守，她们用一双巧手默默地织出一个个平凡家庭的梦想。

煤油灯淡淡的光线，将母亲的身影映在墙壁上，她的身影就铺满了整堵墙。母亲织布的姿势很优美，灵巧的双手麻利地穿梭引线，头也就忽左忽右地摆动，像在跳一种独特的舞蹈。

"咔哒、咔哒"的声音，就像仙乐，从遥远的天际传来，难道母亲是美丽的织女吗？

织布机，跟随我们人类已经有 3000 多年的历史了。原始的织布机，是席地而坐的手织，也叫腰机。这种足蹬式腰机没有机架，卷布轴的一端系于腰间，双足蹬住另一端的经轴并拉紧织物，用分经棍将经纱按照奇数或偶数分成两层，用提综杆提起经纱形成梭口，以骨针引纬，用纬刀打纬线。这种织布机虽然简单，但是已经有了上下开启织口、左右引纬、前后打紧三个方向的运动。腰机，是现代织布机的始祖。

20 世纪 40 年代，在我国的淮北平原及南方少数民族地区，仍有一些老人沿用这一古老的织布方法，织头巾或腰带。

后来，人们在织布生产的实践中，又逐步创造出了脚踏提综的斜织机。在汉代时，这种织机已经有了一

海南黎族的妇女，在使用足蹬式腰机织锦。

个机架，经面和水平的机座成五六十度的倾角，而且采用脚踏提综的开口装置。织布人可以坐着操作，手脚并用，生产效率比原始织布机提高了 10 倍以上，是当时世界上最先进的织布机。

在中国古代男耕女织的自给自足的农业社会中，手工纺线织布机械，发挥着重要或关键的作用。如果没有织布机，这一切也许是不可想象的。

现如今，辉煌了数千年的老织布机，早已经成了"古董"。然而，那"咔哒、咔哒"的声音，却一直回荡在很多人的记忆深处，因为那是一首充满了大爱的乐曲。

炉匠担子

"锔锅，锔盆啵……"

这一声声洪亮而悠长的吆喝声，就是过去那些走街串巷的小炉匠们在招徕生意。

那时候人穷，生活艰难，孩子也多，摔坏盘子碗是常事，哪有钱光买新的呢？而且那时候大都使用生铁锅，使用久了，难免破损、裂缝。这些毛病，小炉匠都可以修补，使之"破镜重圆"，继续使用。

每每听到小炉匠那极富穿透力的吆喝声，家家户户便急乎乎地腾出自家的破家什，挨号去小炉匠那儿修补。

小炉匠是走村串巷吃饭的。小炉匠的全部家当，就是那副炉匠担子。扁担一般都是直的或是向下弯的，而炉匠的扁担要短许多，而且两头向上翘。

炉匠担子的一头是工具箱，内有3层小抽屉，最上一层是各式各样的锔子，中间一层放锉子、钻头等小件把什，最下层搁铁锤子等大件。锤子有3把：一把作锻打之用，最大最重；一把中号的，砸锔子；最小号的一把，一端呈斜面，专门往器具上打锔子。

凝视着这副陈旧的炉匠担子，在它的每一个抽屉里面好像都盛过许多艰辛或愉悦的往事。

担子的另一头是风箱，大小与工具箱差不多，用它吹风生火，打制锅镩或钻头。另外还有一个很小的铁炉子和铁砧子。铁砧子只有巴掌大小，上面一个半圆形的弧形，一边是一个平耳朵，另一边有一锥形的小尾巴。

炉匠师傅的手钻，曾为无数的器皿修补过裂痕。

当然，最重要的工具就是金刚钻头和钻弓子。俗话说："没有金刚钻，别揽瓷器活"。瓷器坚硬，全凭金刚钻才能打眼，上镩子。

过去，搞一个金刚钻很不容易，所以匠人对它们非常珍惜。每次做镩活的时候，都会在胸前挂一粗布围裙。坐下的时候，围裙正好铺在两腿上。金刚钻若掉了，先在围裙上找，要是找不到，就麻烦了。需要把地上的泥土一起收集起来，放在盆里倒上水，一遍一遍地淘洗，把泥沙都淘净，才可能找到金刚钻。

平时，他们是不舍得用的，只有在镩瓷器的时候，才舍得拿出来用。遇到有活要做的人家，炉匠师傅就会坐在小板凳上，膝盖上蒙上一块厚布，先用小刷子把要镩的碗碴和坏碗的掉渣裂纹处刷干净；然后，把碴和碗对好，用一根带钩的线绳，把钩挂在坏碴的碗沿上，线绳从碗底绕几圈把坏碴固定住。

然后拿出钻具，形似木匠的手钻，只是缩小了一些。一手把住立柱，柱端是金刚钻。一手拉弓，弓弦缠在柱上，反复左右拉弓，钻头刺进瓷体，冒出粉末。吹去粉末，露出细小钻眼。

钻眼在接碴的两边，两两相对。最后把镩尖安进钻眼，用小铜锤轻轻砸实，再抹上一点油灰，大功告成。活儿干得麻利，镩子间距匀称，好像上衣上面的一排对襟扣儿。看上去不是修补，而是一种镶嵌艺术。

镩盆、缸、锅等较大的器具，也基本是这个方法。只不过使用的镩子大一些罢了。不管是镩什么东西，最后都是按照镩子的数量

在过去很长的一段时间里，炉匠师傅的手艺为平民之家带来过极大的便利。

算钱。当然，用大镉子要贵一些。

以前，农家人大都用生铁锅。铁锅损坏有两种，一种是碰破摔碎，只要用镉子镉上即可。另一种，就是在铸造的时候进了沙子，平时无碍，一旦锅铲把沙子铲掉，露出沙眼，便会漏汤漏油。

在补锅的时候，先用细锉把沙眼锉出新茬，然后在沙眼里穿上一个铆钉。铆钉头是一个熟铁片，钉梢很短，里外都用铜锤砸实调平，锅就补好了。

炉匠都心灵手巧，既然敢揽瓷器活，其他的杂活也不在话下。比如打白铁、磨刀、磨剪子之类的杂活儿，木匠、石匠、铁匠不愿意做的，或是不能做的，炉匠师傅都能解决。

炉匠这种手艺，虽说不上什么尖端绝技，却也能给普通百姓家节省下不少买新锅、新盆或新碗的钱。

近些年来，随着人们生活水平的提高，炉匠担子已经基本上从城乡里绝迹了。那些年纪稍大的人，还能在记忆的深处寻找到那一阵阵清脆洪亮的吆喝声。

剃头挑子

"嗡——嗡——"

远远的,人们就能听到那一阵阵极具穿透力的"唤头"声。唤头,是过去剃头匠走街串巷时,用来招徕生意的一种响器。

它全长一尺二寸,是由两根条铁和一根五寸左右的大钉子构成。两根条铁,一头烧结成把儿,另一头微张。在使用的时候,左手拿着它,右手用那根大钉子在条铁的缝隙间向上挑,就会发出响亮的"嗡嗡"声。

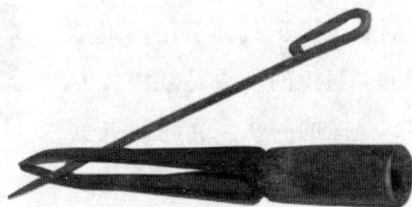

旧时的剃头匠是使用"唤头"来招徕顾客,而今大部分人都将这件器具的模样给遗忘了。

剃头匠作为三百六十行中的一行,诞生得比较晚,直至清朝才出现剃头这个行当。众所周知,清朝以前的汉人都是留满发的,小孩一生下来便任头发生长,不剪不剃。读书时,把头发因势理顺,绾成髻,称为"束发受书"。除非出家当和尚,削发为僧,否则是不能剪也不能剃的。

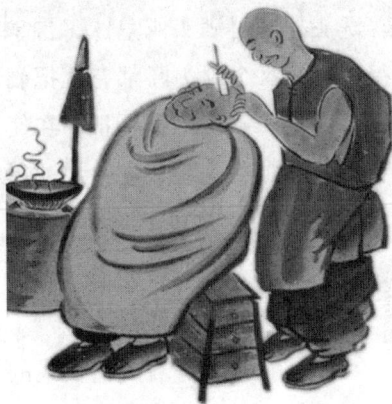

"留头不留发"的事情,是发生在清朝。这个差事,最初是由清朝的旗丁充任。当时

旧日的市井风俗图,将剃头匠的身影凝结成了一幕历史。

旗丁奉旨剃头颇为威风，都是他们坐着，剃头者跪着。那时候，剃头匠算是官差了。在天下皆须剃头的最初岁月里，剃头是分文不取的。此后，为了迎合社会需要，剃头才逐渐演变成为一种职业。

民间有这样一句俗语："剃头挑子一头热"。这是因为当时剃头的工具都是用扁担挑着的。扁担的一头是红漆长方凳，是凉的一头。凳腿间夹置着3个抽屉，最上面一个是放钱的，钱是从凳面上开的小孔

剃头挑子，在现代人的记忆里已经变成了一个古老的传说。

里塞进去的；第二、三个抽屉放置围布、刀、剪之类的工具。另一头，是个长圆笼，里面放着一个小火炉，是热的一头。上面放置一个大沿的黄铜盆，里面的水总是保持一定的温度。剃头挑子的这种模式，全国各地都差不多。

剃头师傅挑着担子，大街小巷到处转。若碰到有人要剃头，就放下挑子，请顾客在凳子上坐下。然后问顾客，是剃光头，还是留长发？

如果是剃光头，先用热水给顾客洗头，洗得满头肥皂沫，再拿出剃刀，三下五除二，就把脑袋剃得锃亮。每个剃头匠都有几把剃刀，剃头一把，修脸一把，刮胡子用另一把。不论用哪一把，在使用的时候，都要在一块油黑发亮的磨刀布上来回"荡"几下。只有"荡"过的剃刀，才会更加锋利。

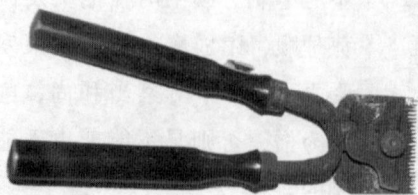
后期出现的理发推子，进一步推动了理发匠的手艺，使其服务的内容变得更加充实。

后来，随着人们发式的进一步简化，剃头匠的服务方式也在渐渐地改变。虽然

还是拿着"唤头"，"嗡——嗡——"颤响着走街串巷，但很多剃头师傅都只是背着一只布包或箱子，里面除了剃刀、布单、剪子、磨刀布、木梳、镜子等原有的工具外，又增加了理发推子。至于水盆、板凳、火罐一类的大件，则基本不再携带。他们的服务对象，也大多变成了老年人，因为爱时髦的年轻人都统统跑到理发馆去了。

时至今日，剃头挑子对很多年轻人来说，就像一张定格在岁月深处的黑白照片。而剃头师傅招徕生意所使用的"唤头"，对大部分人来说恐怕连认识都不认识了。

墨 斗

墨斗，是木匠师傅使用的一种古老的工具。它主要的用途，是用来画较长直线的。当然，这一工具，对泥瓦匠和石匠师傅们来说，也是必不可少的。

过去，木匠学徒一定是先学制作工具，待学会了工具的制作、使用和修理之后，也就掌握了木工的基本操作方法。

墨斗就像木匠师傅的贴身"秘书"，被他们随时随地带在身边。

14

很多地方，木匠学徒出师的考核标准不是打造一件家具，而是自行设计、选料，制作一件木匠工具，经常是一个墨斗。一只造型精美、结构合理的墨斗，不仅可以赢得师傅的赞许而顺利出师，而且还会被出师工匠视为一生的伙伴，风风雨雨不会舍弃。当然，也有的学徒制作的墨斗外观不好，师傅看不上眼，那他大概也做不了"细木匠"，就只能当"糙木匠"了。

墨斗的结构很简单，后面是一个手摇转动的轮子，用来缠墨线，前端是一个圆斗状的墨仓，里面放有棉纱，可倒入墨汁。

木匠师傅在打线的时候，先将墨仓里面倒入一定量的墨汁，墨汁量以渍满棉纱为准。然后用木尺量出打线的尺寸，并用墨斗中的划尺子蘸墨点出相应的标记。

做完标记之后，木匠师傅立于工作台的一边，右手握住墨斗，左手将钩子卡在木板一端；沿着标记拉引墨线至另一端，用大拇指卡住墨线出口，并下按墨线，使两端绷紧；而后在墨线中央用拇指和食指一起向上提线，待绷紧到一定程度之后，猛一松手，全线一弹，木料就会被打印上一条清晰的墨线。过去，木匠师傅们管这条墨线叫"宰杀检"。

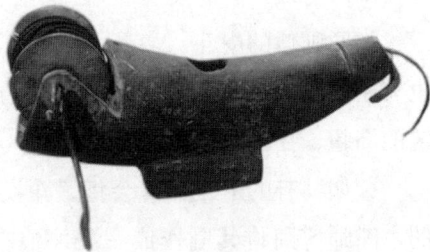

有的木匠师傅独出心裁，会采用牛角来制作墨斗，但比较稀罕。

何谓"宰杀检"呢？

也就是说这根线就是"法官"，墨线弹在哪儿，就从哪儿下锯。这就跟法官给罪犯判刑是一样的道理。墨斗，就是木匠师傅手中掌握木料"生杀大权"的工具。

木匠师傅下料离不开墨斗，在墨线顶头有个钩儿。木匠师傅管它叫"班母"，还有称它为"替母"的。据说，这个钩儿的来历，与木匠祖师鲁班的母亲有关。

鲁班年轻的时候，没有娶妻，也没有收徒弟。他平时干活儿的时候，总是让老母亲帮他拽着线头弹墨线。然而，他的老母亲因为年迈，行动有些迟缓。可是鲁班正当年轻力壮，手艺精湛，活儿做得又快又好。老母亲每天帮着鲁班拽线，一会儿东，一会儿西，累得气喘吁吁的。

鲁班心疼老母亲，便考虑着对墨斗进行改进。经过反复地思考与试验，鲁班最终设计出了一个小弯钩，拴在墨线的一端。这样一来，再放线的时候，他就可以用这个小弯钩钩住木头的一端，以代替原来的手工操作，只需要一个人就行了。

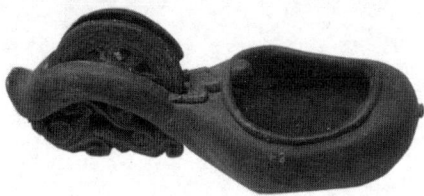

墨斗是木匠师傅的"门面"，他们会想方设法将其设计得更加美观和实用。

从此以后，弹墨线的时候，鲁班就不用再让老母亲帮忙了。后来，木匠们就将这个小弯钩称为"班母"。取"班母"之名，一是对鲁班孝心的敬重，其次是感激祖师爷鲁班的智慧发明。

木匠师傅的墨斗，多是用不易变形和开裂的松木或柏木制作的，也有用牛角为材料制作的。那些手巧的木匠师傅，为了显示自己技艺的高超，在制作墨斗时会花费不少心思。

譬如，有的木匠师傅会将墨斗设计成一条在水中游弋的鱼，有的木匠师傅则将其制作成一条停泊在岸边的小舟。造型五花八门，形态惟妙惟肖。

而今，像刨子、锯、凿等很多传统的木工工具，大都被电动工具替代了，而墨斗仍会被大部分木匠师傅带在身边。只是，那些墨斗已经极尽简化，材质也大都变成塑料的了。

锯

拉大锯，扯大锯；

锯木头，盖房子。

姥娘家，唱大戏，

接姑娘，请女婿，

小外甥，你也去。

很多人对这首古老的童谣都记忆犹新。因为我们在孩提时代，大都玩过这种游戏。最初，孩子们只是因为好玩，大人们唱一句，他们就学一句。后来，当他们逐渐明白这个游戏所表现的就是木匠师傅拉大锯的情景时，顿时对木匠师傅产生了一种好感。

过去，在农村有3种手艺人最吃香：木匠、铁匠和泥瓦匠。其中木匠是最受人敬重的，谁家修房盖屋除了请泥瓦匠之外，木匠师傅是离不了的。

过去的房子讲究四梁八柱，木制的椽檩门窗，房子经久耐用。梁柱是否稳固，门窗是否精致，都离不开木匠师傅精湛的手艺。

在农村，木匠行业有"大木匠"和"细木匠"之分。"大木匠"的主要营生，就是接一些造房子的活儿；而"细木匠"是以做家具为主业。两

民间"大木匠"锯木头时使用的大手锯，锯齿宽且长。

种木匠，各司其职，能够两种手艺都擅长的非常少。

不管是哪一种木匠，在做活的时候，都离不开锯这种基本的工具。只是所用的锯，根据手中活儿粗细要求不同，在大小上有所区别罢了。

"大木匠"往往要锯一些体积较大的木料，这就需要用大锯，经常是两个人搭配操作。而"细木匠"由于下小料，且比较精细，一般使用小锯。

锯，通常结构呈"曰"字形，通过调节锯条对侧的螺丝的松紧来使锯

"大木匠"在锯木头的时候，大都需要两个人协力合作，彼此推拉手中的大锯。

条绷直，以方便作业。相传，锯，是由木工的祖师鲁班发明的。有一次，鲁班偶然被齿状的草叶划破了手指，他拿着草叶反复琢磨，根据草叶边缘的形状，发明了锯。

拉大锯，不仅需要臂力，更需要技巧和感觉。在锯木头的时候，木匠师傅的眼睛总是对着木料上的黑线，两只手一上一下，就看到木屑儿从锯缝间纷纷扬扬地飘落在地上。两个人你推我拉，需要的是默契，用力必须均匀，速度也需要控制，使蛮力不行，否则两个人都吃力。

"细木匠"在用小锯锯木板的时候，他要单腿独立在地上，另一只脚提起踩稳木板；右手拉锯，一伸一缩，时快时慢。"簌簌、簌簌"，木屑儿在齿状的刀片与木头的摩擦中，纷纷而下。那情景，就像一位在拉二胡的艺术家。

在木匠师傅的工具中，锯和斧子

"细木匠"的手艺大都比较精湛，以制作各类家具而见长。

一般是打前站的工具。那些木料被锯和斧子弄出大致雏形之后，其他的工具在才粉墨登场。

民间有句俗语："木匠好学，工具难磨。"而相比其他的工具，锯刃则更加难磨。过去，买一条锯刃并不便宜。除非折断了无法使用，一般情况下木匠师傅是不舍得将锯刃换掉的。

锯齿出了问题，就需要请有经验的人帮助"拨锯路"。那些手艺精湛的木匠师傅，也大都精通这一技术。

民间"细木匠"使用的小手锯，锯齿短而细密。

锯子是一条直线，锯齿像蚂蚁脚。锯齿一个拨向左，一个拨向右，中间要大肚子，慢慢地向两边放开，就是蚂蚁脚了，这就叫"拨锯路"。锯路拨得好，锯齿锋利，锯木头时就轻松；锯路拨不好，锯齿就钝，锯木头时锯路会在墨线两边忽左忽右，蜿蜒蛇形。弄不好，跳出的锯齿还会伤着手，或折锯。

现在，木匠师傅不用再为锯齿的问题犯愁了。因为，电锯早已替代了手锯。木匠师傅仍将它们带在身边，想来除了备用，或许就是将其作为一个身份的象征吧！

刨 子

刨子，也称"推刨"，是用来刨直、削薄、出光的一种木匠工具。刨子一般是由刨身（刨堂、槽口）、刨刃、楔木组成。按刨身长短、形状和使用功能，可分为长刨、中刨、短刨、细刨、弯刨、横刨、槽口刨等。

其中最常用最简单的是平刨。当然，平刨也分好几种，那种不长不短，用来粗刮木料的叫"二刨子"或"二虎子"；用来拼接木板的叫"对缝刨"，也叫"大刨子"，最长。把木工活儿最后细细加工一遍的，称为"净刨"，也叫"小刨子"，最短，不足一扎。

木匠师傅最讲究的，就是有这么一大套刨子。

木匠师傅在粗刮木料时使用的"二刨子"。

尤其是对"细木匠"来说，刨子数量的多少，甚至被认为是他们技艺高低的见证。但是，在那些刨子当中，能够令木匠师傅最疼爱，并时常挂在嘴边的，也就是那么一两把。

一把好的刨子，在于刨床做工精细，木质绝佳。做刨床的料要用上等硬木，还要纹理通顺，无疤不裂。最高级的是红木、花梨木和紫檀木等。最起码是硬杂

木匠师傅在拼接木板时使用的"对缝刨"，俗称"大刨子"。

木，譬如柞木、枣木和水曲柳什么的。

槐木也很硬，但木匠师傅很少拿其来做刨床。因为"槐"字的一旁是个"鬼"字，木匠师傅们认为不吉利，所以就很少拿来用。

木匠师傅对刨子的珍爱，表现在每一个细节上面。在上退刨刃的时候，不可以用锤子直接敲击刨刃，所以上刨刃时要敲击压紧刨刃的木片，退刨刃时则要敲击刨身，用反作用的方式使刨刃退出。

刨子是木匠必不可缺的工具，每位木匠师傅都会有数把不同用途的刨子。

在乡村游走的那些手艺人当中，如木匠师傅打铁师傅、剃头师傅、杀猪师傅等，其中木匠师傅最容易跟主人家产生感情。因为木匠师傅不像其他类别的手艺人，干个一时半会就走人。他们往往在主家一干就是十天半月，甚至更长。这段时间，木匠师傅都吃在主家，有的还住在主家。这样吃住下来，感情也就生出来了。

孩子们对请回家来的木匠师傅总是很崇拜，对工具箱里的各种工具都充满好奇。尤其是在一旁观看木匠师傅推刨时，十分着迷。

只见木匠师傅，弓着前腿，后腿斜立伸直侧身紧靠刨床站稳，脚底板落地生根，不能随便移动。两手紧握刨耳，平放在木条上，用力平行向前推动，再返回推第二下。

"唰唰唰"，乳白色的刨花从刨槽里打着卷儿吐出来，洒满了一地。那些刨花儿，像从天上掉下来的云朵，被木匠师傅踩在脚下，越积越多。再过一会儿，在孩

"净刨"是一种画龙点睛的工具，它可以使收尾后的木工活变得愈加细致。

子们的眼里，木匠师傅就像驾在云朵上一样。

于是，在木匠师傅喝茶休息的时候，有些孩子就会恳请木匠师傅教他们推刨子。木匠师傅们总是有求必应，笑呵呵地找出一把旧刨子，退出刨刃，教孩子们在一块木料上学推刨子。

孩子们学得有板有眼，木匠师傅也认真地教。有的孩子甚至让木匠师傅再装上刨刃，不知疲倦地练习。大人们看了之后，就会笑呵呵地问木匠师傅："等孩子再长大一点，能否收为徒弟呢？"

木匠师傅答得很认真："以后孩子愿意学，俺就收他为徒。"

那时候，人与人之间实在的，就像刚刨出来的木料，毫无遮掩。

现在，不知道那些曾跟木匠师傅学过推刨子的孩子们，后来是否拜木匠师傅为师了？但是，有过那段经历之后，在他们的内心深处，一定永远地珍藏着一把刨子。

油梆子

"梆、梆……"一声声清脆的油梆子声，在记忆的深处敲响。随之，香油的清香便弥漫了街巷的上空。

油梆子，是油匠们用来招徕生意的响器。它一粗一细，半尺左右，均为枣木所制。为了防止干裂，油匠们在制作油梆子的时候，需要先将枣木放在锅里蒸几个小时。

在敲打的时候，粗的梆子执在左手，一头卡在拇指和食指之间，一头卡在小指和无名指间，右手持细油梆敲击粗油梆，便会发出清脆的声音。

过去，油匠挑着两只油篓，带着油漏等，手里拿着油梆子，走村串巷卖油。每到一村，将油挑子往地上一放，把油梆子敲得"梆、梆"直响。

听到有节奏的"梆梆"声，妇女们便纷纷拿着小油罐走出家门。那些喜欢凑热闹的孩子们，也迫不及待地从家里跑出来，朝油梆子响起的地方跑去。一些胆大的孩子，还利用油匠分油的空隙，拿起油梆子猛敲一通，弄得满手油乎乎的也不在乎。

油匠挑着的油篓，口小肚大，多为竹篾和红柳编织而成的。竹篾和红柳编织的油篓怎么会不漏油呢？不仅孩子们好奇，就连一些大人也感到不解。

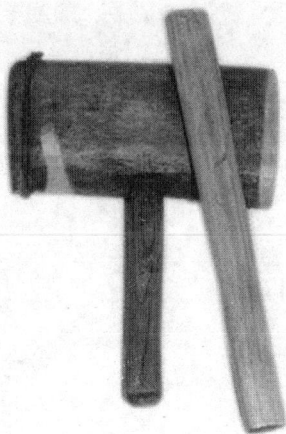

以前，走街串巷的卖油郎都是通过敲打"油梆子"来招徕生意。

当然，这个疑问，只能由油匠来解答了。

原来，油匠在油篓的内部抹上了一层黏米面。黏米面吸油之后，越吸就越坚固。还有些油匠采用榨油后的油泥抹在油篓的内壁上，效果也不错。

外表油乎乎的油篓，不管看上去有多么脏，只要它不漏油，对油匠来说就是好油篓，也会受到油匠的格外关照。

外表粗陋的油篓却内里细致，谁会想到将油倒入里面之后竟然会滴油不漏，且经久耐用。

当油匠拔掉那个用棉布做成的油篓塞子时，一股浓香扑鼻而来，令围观的人都忍不住要多嗅几下。这时候，油匠拿起小勺舀起一勺香油来一溜，金黄透亮，芳香顿时随风溢满了巷口。

有些地方，油匠在卖油的同时，还捎带着卖醋。所以，他们的担子的一头是油篓，另一头是一个盛醋的木桶。在夏天的时候，他们往往还捎带着一小桶芝麻酱。

农家的油瓶太小了，就是溢出来也盛不下二两油。瓶口则挂着一个小勺，小勺只能盛下两滴香油。那时，农家人平常吃的都是大锅菜，盐巴一卤，根本见不到几个油花。有些节俭的农妇，等到菜出锅的时候，才用小勺舀几滴香油，滴到菜里面，有点香味就可以了。

为了多一滴油和少一滴油，妇女们会跟油匠们斤斤计较上半天。因为，她们原本打的也只有几钱的油，一滴油对她们来说，确实显得珍贵。最后，往往是油匠用一只油手搔一搔后脑勺，无奈地提起油勺，小心翼翼地

油梆子的声音早已逝去，而卖油郎的身影也早已经凝固成记忆深处的一个符号。

往她们手中的油瓶里再滴上一两滴。刚才还面红耳赤的妇女们，顿时露出了笑颜，而后满意地离开了。

如今，恐怕没有哪个妇女会因为几滴香油而斤斤计较。油梆子的声音，也早已经从人们的生活中走远了。想来，与其一起消失的，是否还有很多真实与淳朴的风景呢？

货郎担

货郎担，是 20 世纪 80 年代以前，在农村走街串巷，摇着拨浪鼓的卖货人的担子。

那时候，在乡村的街头，隔三差五就能听到拨浪鼓的声音——"卟咚咚、卟咚咚……"随即，便能听到货郎们酣畅的叫卖声："木梳、篦子、虱子药……"

声音越过晴空，越过村中的许多树梢，也漫过屋檐。许多人探头探脑，许多人怀揣着兴奋，心随着鼓点一波波开始上扬。

早些年，稍微偏僻点的农村地区，

货郎鼓，是过去走街串巷的货郎用以招徕生意的工具。

是很少有商店的。货郎担的出现，给人们购物带来不少的方便。他们不仅卖东西，还收购破烂。

货郎担的商品大多是一些针头线脑、花头绳、发夹、卫生球、小孩玩具、糖果、纽扣、雪花膏之类的东西。

货郎担的东西不多，但深受农村男女老少的青睐和欢迎。货郎担进村时，总是要把拨浪鼓摇得特别响。

每到这时候，那些在玩泥巴或做游戏的孩子们，就会不约而同地扔掉手里的泥巴，或者停止游戏，欢呼着"货郎担来喽！货郎担来喽！……"然后一窝蜂地涌上前去，把挑担的货郎围得里三层外三层。

货郎就放下担子，打开他的"百宝箱"（两个木箱或精心制作的大箩筐），向人们生动地介绍他的新产品。人们像欣赏至宝一样，伸着头，眼巴巴地看着那些在当时被他们认为极为新奇的东西。

妇女们总是抢到最前头，一边嘻嘻哈哈地说笑，一边挑选适用的生活用品：或一把木梳，或一些针线纽扣之类。待选好之后，还要各自拿出自己的讨价绝招，与货郎讨价还价。

货郎挑的"百宝箱"，每一面都有两个用于拴系绳子的木鼻子。

她们大都会说，货品的质量差，不值钱。然而，货郎听了之后一点都不生气，因为走南闯北的货郎早已谙熟了这些伎俩。买的买下了，不买的货郎也不怪怨。

讨价归讨价，但并不影响双方的和气。有时候货郎会跟村民讨碗水喝，热心的妇女们便会回家端来热水，有时候甚至拉货郎回家喝一碗稀粥，完全没有刚才讨价时的小气样。

货郎就像是一个快乐的使者，他们走到哪儿，哪儿就会变得热闹起来，并充满欢声笑语。

大人们走后，该干活的干活去了，该下地的下地去了，只剩下一群满身泥巴的孩子。他们出神地看着货郎担的箱子，光看不买。

货郎便会笑嘻嘻地说："小孩子想要啥，回家拿钱来买。没钱不要紧，废铁、麻绳头、破布、头发、辫子都可以拿来换。"

货郎的嗓子吆喝哑了，也不见有多少孩子买。于是，货郎便挑起担子，一只手摇着拨浪鼓"卟咚咚、卟咚咚"，一步三晃地往深巷走去。

孩子们像跟屁虫似的，又追了上去，紧盯着插在木箱边沿上的糖人、

今天，或许是缘于人们对货郎担的怀念，在一些旅游景区内出现了"复古版"的货郎，令人感到很新鲜。

喇叭、气球等玩意。有些孩子不舍得放弃最后一线希望，悄悄跑回自家的鸡窝，怀揣一两个鸡蛋，一溜烟地追上那位在他们眼里最为富有的货郎。

当他们异常激动地捧着鸡蛋，从货郎那里换来糖人、喇叭或气球的时候，他们顿时感觉到自己是世界上最幸福的人了。

货郎担，曾经是农村中一道美丽的风景。而今，它们早已经消失了，而且永远不会再来了。

对那些曾经不知道多少次追赶过货郎担的孩子们来说，随着年龄的增长，看着货架上琳琅满目的商品，还能找到孩提时见到货郎担时的那份惊喜与亲切的感觉吗？

篾 镰

篾镰，又称"七页板"，是过去修簸箕的手艺人使用的一种招揽生意的响器。篾镰的外形，跟呱嗒板相似，不过它是由七块长条铁板钻孔串联而成的。只要颠动起来，就会发出悦耳的声响，老远就能听到。

走街串巷的簸箕匠靠的都是脚力，身着对襟白布上衣，看起来非常干净利落。一条担子不离身，担子两头摆放的是修理簸箕的材料和工具。材料有牛筋条、薄木片、藤篾子等；工具有刨子、方锥、槽锥、钩针、绳锤、尺子等。

簸箕匠除了修簸箕，还兼修笸箩、木锨、木叉等农具。尤其是在麦收前后，只要篾镰一响，他们就会有忙不完的活儿。因为这些农具，都是麦收时必用的。

农忙过后，修理农具的人少了。簸箕匠的主要营生，还是修理簸箕。以前，农村人家吃面大都要现磨，像小麦、高粱、豆子和玉米里面有不少糠和坷垃。这个时候，就需要用簸箕簸去里面的杂物，因此簸箕烂得尤其快且严重。不是沿儿坏了，就是簸箕舌头折断了。

那时候，农家人的日子过得都比较紧巴，簸箕坏了，若不是到了无法修理的地步，谁也舍不得将它们扔掉。

以前，修簸箕的工匠除了吆喝，还会晃动手中的篾镰来招揽生意。

簸箕坏了，起初可以用布缝了用。可是，那时候布又十分紧张。若簸箕坏得太厉害了，只能等簸箕匠来修补了。一个簸箕坏了，往往是换了系子，换了条子，缝了再缝，补了再补。

簸箕匠在修簸箕的时候，先向主人家讨要一盆温水，把牛筋条放在盆里浸泡约一袋烟的工夫，就变软了。然后把破损的簸箕舌头剔除，换上新木片。只见簸箕匠在木片上用木柄锥钻孔，再用泡柔软的牛筋条在上下孔里穿来穿去，如同翻飞舞蹈似的。

簸箕，是过去农家人使用次数非常多的一种器具，因此很容易坏掉。

经过一阵忙活，一道道泛黄的牛筋条就扎好了。原本松松垮垮的簸箕，顿时变得硬朗，昂首挺胸，好像新的一样。

那些新买来的簸箕，农家人是不会轻易拿来使用的。只有请簸箕匠拴上牛筋条之后，他们才会使用。

修簸箕的工匠，一般也会修笸箩。这样的场景，在过去农村的街头能够经常见到。

在农家人的眼里，每一件农具都是具有灵性的。只有对它们好，它们才会为你卖力。这是一个多么淳朴的道理啊！

如今，连簸箕这种农具都变成了"古董"，更不用说修簸箕这个行业了。篾镰的声响，也早已成为了一种绝唱。那些怀念篾镰声音的人，也只有在梦里重温了。

中国传统记忆丛书

拍　板

过去，在我国北方沿海地区，尤其是胶东半岛近海边缘，曾遍布着大量用海草建造的房子，当地渔民习惯称其为"海草房"。

海草房比草房经久耐用，比瓦房又保温，冬暖夏凉。海草房防虫蛀，防霉烂，不易燃烧，

冬暖夏凉的海草房，已经渐渐地从人们的记忆中走远了。

居住舒适。因此，当时在很多渔民看来，拥有一栋海草房是最大的财富。

建海草房最关键的一步，就是往屋顶上苫海草。因此，这些地方的渔民将建房称为"苫房"。苫房，其实跟建造瓦房时安装瓦片有相通之处，只不过是用海草从下往上一层层地苫好。

苫海草房绝对是一门手艺，一栋海草房的好坏，使用时间的长短，主要取决于海草苫得是否严密。因为只要屋子不漏水，墙是很难倒的，可以一直住下去。为此，人们在苫海草房的时候，一般都要请那些具有丰富苫房经验，且代代相传的苫匠师傅来帮助建造海草房。

苫匠，总是穿着一身摞着补丁的粗布衣服，头顶草帽，一只手扛着拍板，另一只手拿着环起来的绳子。拍板是方的，背面有一个把手，正面是一些钉齿。它就像一把大梳子一样，可以把絮好的海

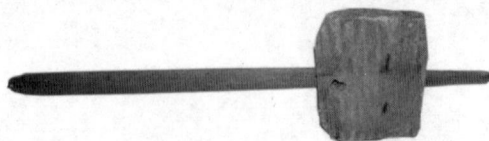

拍板，俗称"翻天印"，是过去苫匠建造海草房必备的工具。

草拍好，梳理好，从房檐一层层地苫上去。

作为海草房主要材料之一的海草，是一种浅海里的野生藻类，生长在淤泥肥沃地带，一丛一丛的。海草春荣秋枯，成熟后枯掉的海草就会被海浪一点点推上岸。渔民们便将其收集起来，放在太阳下晾晒，直到它们的全部干透了，由深褐色变得发白、发灰，才可以用来苫房子。

一般，一栋房子用 500～750 公斤海草。这样的海草房盖起来之后，连续住个七八十年都没有问题。

苫屋顶的材料中，除了海草之外，还要掺和一些麦秸。苫房的时候，每苫一层海草，就要加一层麦秸，这样会更加结实。只是因为海草一般较长，将麦秸全部遮盖住了。

新房上梁之后，苫匠的工作就开始了。房屋的主人一般会请四五位苫匠，再加上数名小工。小工先把海草和麦秸用水润湿，然后一把一把地捋齐，放入竹篓里，递到房架上。

苫匠先扎脚手架，高矮与房檐持平。接着，就可以苫第一层。他们先抹上稀泥，将第一层麦秸草粘住，再抹一层稀泥粘住海草。

以后只在房山头抹泥粘住草，中间的部分都是一层层地往上叠苫。苫匠一边用手里的拍板将海草拍平、刷齐，一边指挥下面的小工该递海草还是麦秸，该往哪一个位置多放一些。

从苫第一层海草，到用稀泥或水泥石灰抹好屋脊竣工，大概需要三四天的时间。与建瓦房时合瓦相比，苫海草房的用时要多了数倍。由此可见，苫匠的活儿，称得上是一种细致营生。

对于那些生长在海边，并且曾经与海草房朝夕相处过的人来说，海草房一定给他们留下了很多温暖而亲切的记忆。

海草房的房檐大都比较低矮，柔软厚实的海草，经常有麻雀一类的鸟儿栖息。到了晚上，孩子们会相约一起拿着手电筒，抬着着小木梯，爬到屋檐下掏鸟窝。

有些年代久了的海草房，其屋顶的背阴面经常会长出一种叫瓦松的植物。在孩子们的眼里，这可是一种难得的美食，吃在嘴里酸酸的，令人垂涎。

然而，大人们绝对不允许他们爬到屋顶上采摘。一是担心孩子们

山东荣成沿海地区的海草房街巷旧景。

爬高发生意外，二是那些年久的海草房若被踩踏下陷就很难恢复。

可是，在"美食"的诱惑之下，大人们总是难以阻止孩子们的冒险。结果，他们不是挨大人一阵数落，就是屁股上留下一串大人掌掴的印痕。

如今，海草房已经非常少见了，苫匠也早已成为了一种消失的职业。那些曾经辉煌过的拍板，或化为农家炉灶里的一捧灰尘，或置身于寂寞的角落中，默默地腐烂着，就像那些无知无觉的时光，很少有人再去关注它们。

古老行当的灵性器具

聖　挂

聖挂，又称"泥坯模子"，是用厚度相同的木板钉制而成的。聖挂有长方形的，也有正方形的，但在尺寸上并没有统一的标准。聖挂的用途，就是用来制作泥坯，北方农民称其为"聖"。

过去，农家人盘炕砌墙，大都离不开聖。与砖瓦等建筑材料相比，聖最大的优点就是基本上没有什么成本，只要不惜力气就行。

农家人称制作聖，为"拓聖"。方法很简单，就像孩子们用泥坯模子玩泥巴一样，但绝没有孩子们游戏时的那种乐趣。

在制作聖之前，一般先要选择一个开阔而又平整的地方，多选在场院上，作为工作场地。然后，根据需要的多少，准备下一定数量的黄黏土。大多数人家，都是用手推车，从村外的土沟里一车一车运回来的。

动工之日，一定要选择一个有日头的好天。那时候人们还不知道天气预报，往往会请村里有经验的老庄稼把式估摸一下未来几天的天气。然后，用水将黄黏土浸泡透，再掺入适量的麦秸草和匀。

这个时候，就可以用来"拓聖"了。先在地面上撒一层薄薄的沙子，这是为了避免聖的下面与地面黏合。找好合适的位置，将聖挂放到地上，里面填满黄泥

农家人过去"脱聖"时，使用的长方形聖挂。

后，用墩子将其墩平，再用抹子将其表面抹平整，而后两手对称各抓住塈挂的一条边框向上一抬，一个塈就"拓"出来了。需要哪种形状的塈，就采用哪种形状的塈挂。

"拓"出来的塈，一列一列的，就像战士们排队一样整齐。若偶遇小雨，便用草帘子遮挡一下，并无大碍。但若遭遇连阴雨，农家人只能任由那些塈被雨水泡成泥浆。等天气好转之后，再重新返工。

过去，北方的农家几乎家家户户都有火炕，而且一般都与灶膛相连。在灶膛里烧火煮饭，烟火便会通过火炕，由砌在墙壁上的烟囱冒出。这样，在冬天的时候，火炕才不会冰凉。

火炕里面并不是一个大的空洞，而是由许多排列有

一模两用的连体塈挂和墩泥坯用的墩子。

序的塈支撑起一条条烟道。时间长了，炕洞里的塈容易塌陷，或被凝结的草木灰包裹，逐渐阻塞了烟道。

这个时候，就需要更换炕洞里的塈。那些被撤换下来的塈，被一层厚厚的草木灰围裹着，有的还泛出像沥青一样，闪烁着光泽的烟油。农家人并不舍得将它们扔掉，而是淋上一些水，将塈块砸碎，然后运到庄稼地里作为肥料。

当然，也有些买不起砖块的人家，迫不得已使用塈来砌墙。用塈来砌墙，虽然乍一看挺结实的，但却经不起风雨的侵蚀。过不了几年，那些土墙便会被雨水冲刷得坑坑洼洼了，有些墙顶上还长满了杂草与野花。

用塈砌的土墙，让每一栋老屋多了几分沧桑，也多了一些淳朴的诗意。

网 梭

网梭，又称"梭子"，是过去渔民编织和修补渔网的必备工具。网梭的形状，有点像织布的梭子。渔民所用的网梭，大都是他们自己用竹板削制而成的。

渔民在制作网梭的时候，全神贯注，就像在雕刻一件艺术品似的。削制完成之后，他们还会用细砂布将网梭上的毛刺和刀痕打磨得光滑滑的。

即便是这样，也不是说削制出来的每一件网梭都能够顺手。有的网梭看上去挺漂亮的，但用起来的时候却很别扭。这样的网梭，渔民一般都会将它们冷落到一边。

那些一用就上手的网梭，渔民们对它们会非常爱惜。其实，总会有那么一两把网梭，渔民们几乎时时将它们揣在衣兜里。在需要修补网洞的时候，可以随手拿出来使用。直到许多年以后，它们再也经受不住网线的重勒而解体，渔民才会惋惜地将它们舍弃。

渔民使用的网具，根据作业范围的不同而分为很多种类，譬如大范围作业用的有流网、围网、底拖网等；小范围作业的有旋网（亦称抛网）、粘丝网、箩网等。过去，这些网具都

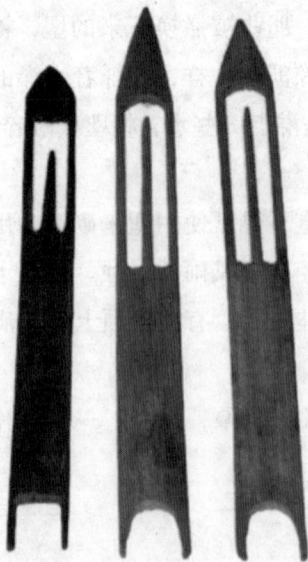

织网的梭子，大都是渔民根据自己的手感用刀子削制而成的。

是用手工编织而成的。

渔民们将"织网"形容成与生俱来的技能。如果让老渔民们追溯最初学会织网的时间，他们大都会摇摇头说："已经忘了，反正记事的时候就会织了。"

渔民们最常织的是旋网。这种网不仅仅渔民用，一些喜欢业余捕鱼的人，也大都会选择使用旋网。

网梭缠满胶丝之后，一张旋网就要开始起头了。起头时，需要在水平线上找两个固定支撑物。有时候，渔民们直接把两只脚放在木头板上，网梭在两个脚趾头间来回穿梭，按照确定的网格数织出相应的结头。完成之后，再用一个像尺子一样的竹板接力起头，就可以将脚趾解放出来。

竹板的长度大约有十二三厘米，宽度根据网的用途而定。网大鱼的网眼要大，板就宽，网梭也大；网小鱼的网眼就小，板就窄，网梭也小。

然后，用网梭在竹板上及上一层的网扣中来回穿梭系扣，每一行都可以加扣。这样渔网越织越大，想编多大的网都行。

渔民虽说大都是织网高手，但因常年在海上漂泊作业，编织和修补渔网的责任，大都落在了家庭妇女的肩上。渔家妇女的生活，就像是一个程序下来的，除了忙家务，就是织网。

很多刚嫁给渔民为妻的年轻妇女，之前从来没有摸过网梭，可是往往用不了半年时间，便成为织网高手。她们甚至青出于蓝而胜

渔民在织网的时候，可以根据网眼的大小选择不同尺寸的尺板。

渔家妇女大都是织网的高手，她们在织网的时候，孩子们则会忙着朝网梭上缠线。

于蓝，连渔民丈夫都自叹不如。

那时候，夜里没有电灯，点上一盏煤油灯，五六个妇女围坐在一起，手里的网梭在飞快地移动，用不了多少天就能织好一张网。她们织网的技术异常娴熟，甚至借着月光，都能轻车熟路地进行织网。

妇女们用网梭织的粘丝网，也为渔家的孩子们提供了一个在海滩水沟施展本领的机会。一张粘丝网宽约一米，长约几十米，将网的一端在河岸边拴牢，然后一只手凫水，一只手将肩上的粘丝网下到水里。到了河的对岸，再将网的另一端固定住。做好这一切，就只等鱼儿落网了。

鱼儿似乎是近视眼，摇摇摆摆，勇往直前地钻进了粘丝网眼。钻进网眼里的鱼使劲地摆动身子，想挣脱网丝的束缚，无奈愈是想逃脱，鱼鳃卡得愈紧，直到无力不再挣扎，像是真被粘丝网"粘"住了。

如今，机械化的生产已经基本取代了手工织网。随着越来越多的渔民上岸谋生，很多渔民的后人也不再像父辈那样熟悉织网的技艺了，甚至再也没有碰触一下网梭。

接生盆

接生盆，是旧时产妇在分娩时，使用的一种木制器具。其实，它的真实名字应该叫"红脚盆"。过去，很多地方的女子在出嫁置办嫁妆时，总要请木匠师傅打制一只木盆。木盆的形状大多为椭圆形或圆形，底部有足，木盆的表面刷上鲜红的油漆。

早已褪尽色泽的红脚盆，在过去它还担负着迎接新生命的重任。

女子出嫁时，红脚盆连同其他的嫁妆，被一起带到婆家。平常，红脚盆的作用就是用来洗脚。等到妇女分娩时，红脚盆便会用来接生。因此，过去民间对妇女分娩有"一只脚踏在红脚盆，一只脚跨在棺材里"的说法。

过去，农村的医疗卫生条件极为落后，有的乡村距离医院往往有数十里路，去一趟医院需要跋山涉水，辗转颠簸，很不容易。更为主要的是，去医院生孩子，需要一笔不小的开支，对处于温饱初级阶段的农家人来说，是难以负担的。

于是，就出现了接生婆这一职业。在农村，接生婆曾是一种深受人们敬重的职业。她们的年龄，也大都在 40 岁到 60 岁之间。

那时候，接生婆也没有专门到什么地方学习接生知识，都是靠经验。古语说："观千剑而后识器，操千曲而后知音"就是这个道理，接生得多了，也就摸索出门道来了。

无论贫富，生孩子都是一件大事，尤其是头胎分娩。做丈夫的

产妇能够顺利分娩，所有的家人也包括接生婆都会长吁一口气。

和做公婆的，心中既高兴又担忧，因为世间常说的"阴阳一张纸，生死一呼间"，就是用来比喻临盆分娩的女人。所以，在产妇家人的眼里，接生婆就是送子的观世音，救命的活菩萨。

当时的接生婆，并没有相应的助产设备，单靠一只接生盆，一把剪刀及破碗碎片等简陋的工具。旧时的分娩，有立式、仰卧式、半跪式和坐盆式。

接生婆来了之后，一边安排人将接生盆打满热水，一边柔声细语地安慰痛苦万状的产妇，并帮助她们用力。

刚生下来的小孩，接生婆都要拧起双脚，头朝下，在屁股上狠狠地拍几巴掌。这样，孩子就会大哭。此时，大哭对婴儿有好处，可以把口腔中的胎水吐出来，不至于呛着。

接生婆虽说有不少接生经验，但也不能保证次次顺利。若遇到难产或产门不开等情况，接生婆往往也会束手无策，最终酿成一些令人痛心的悲剧。

过去，在遇到难产的时候，产妇的家人们在无助的情况下，只能采取一些乡村迷信的方式来催生。譬如有的地方会大开房门、大门、橱柜、箱子等，而后摔盆打碗敲铜盆；有的地方则会奔跑到沟边，砍断拴牛、羊的绳索，以此预兆产门大开，分娩顺利。

最终，若母子平安，接生婆会长吁一口气，全家人万般高兴。准备丰盛的饭菜，款待接生婆吃饭。饭后，还会为接生婆奉上金额不等的红包，作为酬劳。

第三日，接生婆又被请上门来，替婴儿"洗三"。这次，不用备红包了，只需饭菜款待即可。孩子周岁生日那天，接生婆打扮得风风光光的，理所当然地坐在首席。

以前，由于卫生条件差，更不懂得消毒，产妇的发病率和死亡率很高。这就像以前老人讲的产妇"坐在红脚盆上死"，婴儿死于脐带风之类的悲剧时有发生。

现在，随着医疗科学技术的不断发展，产妇分娩的安全问题，基本都能够得到保证。接生婆，这个曾备受人们敬重的职业，也逐渐在民间消失了。

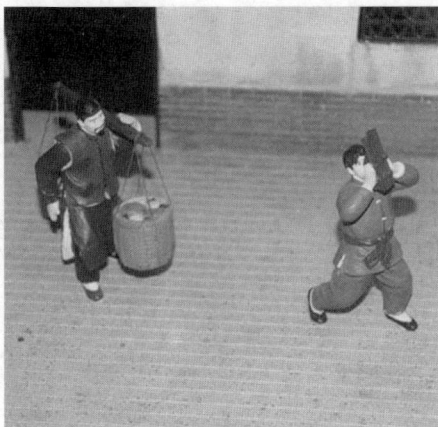

旧时医疗条件差，当产妇遇到难产时，产妇的家人只能采取一些迷信的方式催生。

那些零星可见的红脚盆，或红漆脱落殆尽，或盆沿开裂，沦落到被人遗忘在寂寞的角落里。但是，在它们沧桑身影的背后，却不知道掩藏着多少个令人垂泪的故事？

锣　锣

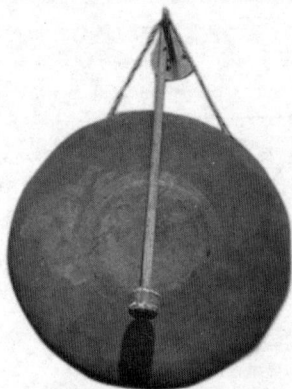

旧时吹糖人的手艺人和卖糖瓜的商贩，都是通过敲打锣锣来招揽生意。

"哐——哐——"

当一声声清脆的锣锣声在街头响起的时候，伴随着一种深深的甜蜜诱惑，令所有的孩子们都魂不守舍了。

锣锣，是一种像铜盘一样的小铜锣。它也是过去卖糖人用来招徕生意的一种响器。

过去，做这种生计的人，大都是挑着担子走街串巷，集市和庙会上更少不了他们的身影。

担子的一头是一个带架的长方柜，柜子下面有一个半圆形开口的木圆笼，里面有一个小炭炉，炉上的一个大勺里放满了糖稀；另一头的木架分为两层，每一层都有很多小插孔，上面插着糖人儿，如龙、大公鸡、小猴、老鼠、马等等，五颜六色，非常惹眼。这玩意，既好看好玩，玩完之后又可以吃，因而深得孩子们的喜爱。

吹糖人的手艺人，将挑的担子放下，再打开折叠的凳子坐好，掀起柜子的盖子，整理一下工具和材料，并把已经做好的糖人样品插摆出来。

这个时候，他几乎不用敲打锣锣，周围便会围满一大群好奇的孩子。他们瞪大眼睛，准备着看吹糖人的手艺。

吹糖人时，先要捏胎，厚薄一定要均匀；再者就是气道，许多动态的糖人关节处非常薄，一口气大了就吹漏气了；火候更重要，饴糖硬了不行，软了也不行，成不了形。

糖稀熬好之后，用三只手指捏起一小团糖稀，捏来捏去就形成了一个中空的气球状。吹气的时候，手艺人用左手托住糖稀，另一只手就要在糖稀刚吹出泡来的时候，拧住还未成标准圆形的糖泡泡的顶头往外拉。这拉多拉少，向哪个方向拉，就决定了糖泡泡的基本造型，也就是糖人的主要部分。

在过去的集市或庙会上，尤其是年节期间，吹糖人的摊点随处可见。

吹糖人艺人在吹的同时，也"画"糖人。画糖人同样要掌握糖稀的火候。熬好糖稀之后，用一把小铜勺舀起适量的糖稀，将糖稀有顺序地洒在大理石板上，这有点像连笔画的形式。待糖稀冷却之后，再用一根小竹签挑下，一个画的糖人便大功告成了。

画的糖人与吹出来的糖人最大的区别，就是前者是平面的，后者是立体的，而后者更受孩子们的喜爱。

过去，吹糖人的大都打着锡锣沿街叫卖。有的还带着一个画着花鸟兽虫的圆盘，交过钱之后，可以转动圆盘上的指针，指针指在哪个格子里，就得到哪个格子的奖品。如果有现成的，给你一个就算成交；如果没有，就用预备好的材料吹出所要的奖品。

吹糖人的艺人在熬好糖稀之后，既可以吹着卖，又可以画着卖，有这几样工具便足以应对。

有些吹糖人的为了让生意好做，糖人可以用牙膏皮来换。两个牙膏皮就可以换一头小猪或其他的糖人，这一招颇受孩子们的欢迎。有些孩子为了换一个自己喜欢的糖人，甚至把大人没用完的牙膏也偷了去换成糖人。即使挨一顿揍，心里也是甜滋滋的。

或许，因为都是做的糖稀生意，那些卖麦芽糖的小商小贩也敲着锡锣招徕生意。孩子们对麦芽糖的渴望，则纯粹是为了满足馋欲了。黏柔甘甜、芳香四溢的麦芽糖，令每一个孩子都爱之不已。

糖画艺人用糖稀画的龙，栩栩如生，且甘甜可食。

麦芽糖，是一种用黄米和麦芽熬制成的黏性很大的糖。其常见的形状有两种：一种是长条形，上面还粘有芝麻粒子，北方俗称"关东糖"；另一种呈扁圆形，颇像一个小南瓜，俗称"糖瓜"。

我国北方的很多地区，在农历腊月二十三过小年时，有用糖瓜祭祀灶王爷的习俗。传说在这一天，灶王爷要上天向玉皇大帝禀报所在人家一年的善恶情况，人们希望灶王爷少说话、说好话。于是，就想到用糖瓜粘住灶王爷的嘴巴。

每当迈进腊月门之后，锡锣的声响，便会在街头巷尾此起彼伏。几乎家家户户都要为祭灶准备一点糖瓜。但在小年之前，孩子们对那些糖果只有眼馋的份儿。即使一分钱两颗，孩子们也无力购买。但禁不住馋虫的诱惑，有些孩子跑回家里将空酒品、牙膏皮等捎出来，从卖糖瓜的小贩手中换取几颗，而后躲到一旁美滋滋地品尝去了。然而，对大多数的孩子们来说，还只能干咽口水，急切等待着小年的到来，以便从大人手中分得几颗甘甜的糖瓜。

如今，各种各样的玩具，令人眼花缭乱。对孩子们来说，糖人已经变成了一个陌生的名词，糖人挑子也早已被人们遗忘了。

想来，也不会有几个孩子会因为几颗麦芽糖而夜思梦盼。锡锣的声音，距离人们的记忆已经越来越遥远了。

如今，在年集或一些民俗活动中，偶尔还能见到敲着锡锣卖糖瓜的商贩。

中国传统记忆丛书

图说
老物件

第二辑 淡出记忆的儿时耍货

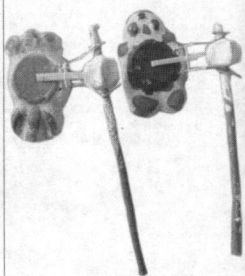

泥老虎

"小老虎，小老虎，咕嘎咕嘎两毛五。"

这是一首在我国北方地区曾广泛流传的童谣。熟悉这首童谣的人，大概也都知道这里所指的"小老虎"，就是"泥老虎"，一种用泥制作而成的玩具。

泥老虎身上的装饰图案与色彩，犹如京剧艺术中的脸谱，线条、颜色都有讲究，描画得很见功力。将它们摆放在屋内的几案或窗台上，看上去既威风凛凛，又娇憨古朴，煞是可爱。

泥老虎与那些以静态为主的泥人不同，因

47

山东高密泥塑艺人制作的泥老虎，模样憨厚可爱，叫声洪亮，曾经深受孩子们的喜爱。

为它们能够叫唤，也就是发声。虽然也只是发出"咕嘎、咕嘎"短促而单调的声音，但在孩子们的眼里，它们就像那些活泼的小虎崽一样美丽可爱。

泥老虎能够发声，在于泥塑艺人独具匠心的设计。在制作的时候，每一只泥老虎都是头尾分开且中空的，也就是说泥老虎的肚子里面是空的。然后，在腹腔内置一竹哨，

有些泥老虎的头部被插上两根染色的羽毛，它在叫唤的时候，羽毛微微抖动，犹如活了一般。

再用薄羊皮或牛皮纸将其首尾衔接起来。

这时候，只要抓住泥老虎的头尾一拉一扯，空气一冲，哨子就响，很是招人喜爱。

过去，商贩出售泥老虎是有一定季节性的，一般是在腊月和正月这段时间里。在腊月的集市上，经常会遇见卖泥老虎的商贩。他们将大大小小的泥老虎，颇有顺序地列队摆放在眼前。

那些从摊前经过的孩子们，总会不由自主地被那些泥老虎吸

以红与黑为主要颜色彩绘的泥老虎，在气质上颇像京剧艺术里面的关公，威风凛凛、勇猛无敌。

引住，久久地不愿意离去，直到被大人们拽着胳膊拉开，才恋恋不舍地走开。而那些可爱的泥老虎早已被他们偷偷地珍藏在心里，等到入梦的时候再与它们相会。

而在正月人头攒动的戏台前，那些令孩子们梦寐以求的泥老虎，总是同那些火红的冰糖葫芦和甜软的黑枣粒子摆在一起，勾引着每一个孩子的纯真欲望。

那时候，买一只泥老虎只有一毛多钱，而童谣里所唱的"两毛五"也许只是为了押韵罢了。即使这样，对大多数的孩子来说，能够买一件泥老虎仍是一件奢侈的事情。有些大人经不住孩子们的软磨硬缠，终于答应满足了他们一个心愿。对那些拥有一只泥老虎的孩子来说，很长时间都会有快乐伴随着。

他们也会成为众多孩子们羡慕的对象，那些手捧泥老虎的孩童们，无论走到哪

这是一对憨态可掬的母子虎，小老虎的气质深受母亲影响，透着威猛之气。

里，都会被小伙伴们簇拥在中间。

对那些只能在梦里与泥老虎相会的孩子们来说，即使只是伸手摸一下对方手中的泥老虎，或者有幸接过来玩耍一会儿，都会使他们感到异常兴奋和满足。

如今，泥老虎的叫声，在孩子们的心中早已变得遥远而陌生了。而与泥老虎一同走远的，是否还有更多淳朴的景致呢？

兔儿爷

兔儿爷，是一种古老而有趣的泥塑玩具。过去，这种玩具主要流行于北京、山东等地。北京地区称"兔儿爷"，而山东地区则称其为"兔子王"。

兔儿爷的造型是一种兔子，但是它却不是凡间的家兔，也不是野兔，而是久居广寒宫里的玉兔。

在中国民间传说中，嫦娥居住在广寒宫里面，而陪伴在她左右的就是一只玉兔。自然而然，在玉兔的身上就被赋予了一种神奇的力量。

骑黄虎的兔儿爷，在我国民间有辟邪驱疫、接福迎祥的寓意。

黑虎是传说中的一种灵物，骑黑虎的兔儿爷显得正义感十足。

于是，民间的那些泥塑艺人们便把玉兔进一步艺术化、人格化，乃至神话，而后用泥巴塑造成各种不同形态的兔儿爷。兔儿爷的起源大约是在明朝末期，它刚一出现的时候，并非玩具，而是人们在中秋时用来祭月的供奉之物。

关于兔儿爷的来历，在民间还有一段有趣的传说：

有一年，北京城里忽然发生了瘟

疫。几乎每家每户都有人染病，而且得上就治不好，死了很多人。

嫦娥在广寒宫里见此情景，心里十分难过。于是，她就派身边的玉兔到人间去为百姓治病。玉兔就将自己变成人形，挨家挨户地给百姓治病，治好了很多人。

人们为了感谢玉兔，纷纷送礼品给玉兔。可是，玉兔什么也不要，只是跟别人借衣服穿。每到一个地方，玉兔就换一身装扮，有时候像个卖油的，有时候又像个算命的……一会儿是男人装束，一会儿又是女人装束。

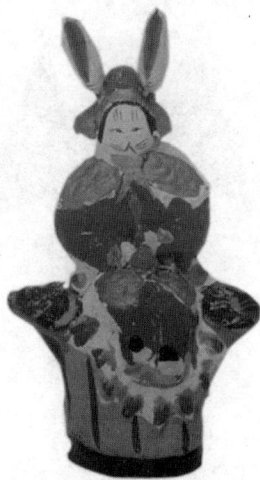

骑莲花座的兔儿爷，在我国民间是吉祥与幸福的象征。

为了给更多的人看病，玉兔就骑上马、鹿、狮子或老虎，走遍京城内外。在玉兔的努力之下，瘟疫终于消除了。玉兔这才返回广寒宫。

为了感念玉兔的恩德，人们便用泥巴塑造出各种玉兔的形象，有骑虎的，有骑鹿的，有披挂着铠甲的，也有身着各种服饰的，千姿百态，非常可爱。

每到农历八月十五这一天，家家都要供奉玉兔，摆上好吃的瓜果菜豆，用来酬谢玉兔给人间带来的吉祥和幸福，还亲切地称其为"兔儿爷"、"兔儿奶奶"。

到了清代，兔儿爷的功能已经逐渐由祭月的灵物演变成儿童的玩具。这兔儿爷经过民间艺人的大胆创造，制作日趋精致。

那时的兔儿爷，多是用泥模子翻塑出来的。制作的时候，先把黏土和纸浆拌匀，填入分成正面和背面两个半身的模子里；等干燥之后取出来，把前后两片粘在一起，配上耳朵，再在身上涂一层胶水，然后在上面描金涂色。

兔儿爷大的有3尺多高，小的只有两三寸，均是粉白面孔，头戴金盔，身披甲胄，背插令旗或伞盖。它们的坐骑有狮、虎、鹿、象、麒麟等。

山东济南等地制作的"兔子王"，身背令旗，头顶盘踞着猛虎，曾令孩子们爱不释手。

兔儿爷左手托臼，右手执杵，做捣药状。此外，还有一种肘关节和下颚能够活动的兔儿爷，俗称"叭嗒嘴"，更加讨人喜欢。

现如今，兔儿爷这种儿童玩具已经越来越稀罕了，甚至很多年轻人根本叫不上它们的名字来。然而，兔儿爷的身上却承载着一段沉甸甸的记忆，曾给很多人的童年带去过快乐。因此，我们不应该这样轻易地将它们遗忘。

陀　螺

陀螺，曾经是一种深受儿童喜爱的玩具。在过去，陀螺大都是由孩子们自己动手或在家人的帮助之下制作而成的。陀螺的结构看似简单，但要制作一只成功的陀螺却并非易事。

制作陀螺的材料多选择杨木，因其木质柔软适中，便于削制。挑选一根直径为 5 公分左右的杨树枝，取其

陀螺大都是用杨木或桐木削制的，它是过去孩子们最常玩的玩具之一。

通直的一段，截取一段 6 公分左右的小圆木。然后，以树髓为中心，将圆木的一段削制成圆锥状。圆弧的削制必须均匀，锥部则不能过于突兀，以便使陀螺保持重心的均衡。

这个时候，只差画龙点睛的一笔了。只要在树髓的孔心处嵌上一粒小钢珠，一只陀螺便诞生了。当然，也有一些突发奇想者，制作的陀螺个头很大，但那只是少数而已。

人们一般将玩陀螺，称为"打陀螺"或"抽陀螺"。有些地方则更加形象，将其称为"打懒老婆"。人们将陀螺比喻成"懒老婆"，只有挨了打之后，才会勤快地转动起来。这个比喻很符合陀螺的性质。

既然要打、要抽，那就离不开鞭子。玩陀螺的鞭子很简单，只要找一

有些孩子还喜欢为陀螺染上各种颜色，这样在旋转的时候会更加好看。

凝视着这件雕塑作品，那些埋藏在内心深处的童年记忆是否又会浮现在我们的眼前呢？

根长布条，拴在一根木棒上就可以了。在玩的时候，先用布条将陀螺紧紧地卷住，放在光滑的地面上，而后迅速地拽拉鞭子。随着布条的散开，陀螺开始慢慢地旋转起来。

只是刚开始旋转的陀螺还不完全稳定，这就需要玩陀螺者眼疾手快，挥动手中的鞭子，将布条有力地抽打在陀螺适当的位置上。随着抽打频率的加快，陀螺的运转速度也越来越快。

在过去，农村的街头多为坑坑洼洼的泥地，不太适合玩陀螺。但每当到了冬季，村前已经冰冻至底的小河，或是在一场大雪之后，结了薄冰的街头，都会成为陀螺快乐旋转的舞台。

孩子们踩在犹如镜子面一样的冰面上，不停地挥舞着手中的鞭子，那"啪——啪——"清脆的鞭子声，将冬天的严寒击打得越来越远，只泼洒下了一地欢声笑语。

那不停旋转的陀螺，就像一颗快乐的童心，一直旋转在岁月的深处。

泥　哨

一声声悠扬的哨音，穿透了时光，在开满粉白色花朵的豌豆地和绿油油的麦浪上空拂过。

泥哨，是过去儿童非常喜欢的一种玩具。它们宛若一个个神奇的小精灵，曾为全国各地的孩子们带来了数不清的欢乐和美丽的憧憬。

因为各地风俗习性的差异，泥哨的种类也是五花八门。无论在其形制上，还是吹奏出的音律上，都是丰富多彩的。全国著名的泥哨有山东阳谷泥哨、山西泥哨、贵州黄平泥哨、陕西鱼化寨泥哨、河南浚县泥咕咕等。

泥哨玩具一般质地坚实，造型轻巧，便于运输传播。而且泥哨的题材广泛，花样颇多。造型有动物、人物，往往同一题材就有多种不同的动态和不同的神态造型。譬如常见的有鸡、鸽子、鹰、燕子、猪、狗、猴、鱼、青蛙等，还有戏曲人物、女孩男童的造型泥哨。

这些泥哨，有的偏重于写实，有的偏重于写意。但无论写实还是写意，都有一个共同的特点：善于挖掘各种动物潜在的美，使小小的泥哨散发出淳朴的魅力。

泥哨其实是一种很古老的吹奏器陶埙的孑遗。据考古学家考证，

黑色的泥哨，曾经是孩子们人手一个的玩具，其鸣声清脆悠扬。

这是河南浚县泥咕咕艺人制作的马形泥哨，声音异常响亮。

陶埙产生于史前时代，距今有 7000 多年的历史。

后来，随着时代的发展，陶埙逐渐从"乐坛"中退伍，但它清亮的音色，构造简便的形制，仍受到人们的喜爱。于是，它逐渐演变，并进入玩具领域，成了孩子们的宠物。

民间制作泥哨的工具比较简单，几根圆、扁竹签，几根粗细不等的小竹筒用来按印纹样的陶模即可。

但是，泥哨的用泥却很讲究。需要先把晒土磨碎，用箩筛成细粉，掺水（水土比例为 8∶3），泡制一天左右后，再掺入麻纸，用木棒捶打，直到用铁丝绷子切泥时，无碴无气眼为合适，这叫熟泥。这样的泥，在捏的时候不粘手，干后则不裂缝。

以人物泥哨为例，在制作的时候，先用手捏成大体的形状之后，用竹签刻画出眼、口、鼻等细部，再用陶模按上花纹，最后在头部和背上用小竹筒扎出吹孔。扎吹孔看上去简单，但这是泥哨成功与否最为关键的一步，需要制作者凭借自己的经验来判断。因为腔的大小，泥的厚薄，吹孔的位置和方向都会左右哨音的优劣。

然后，将泥哨的坯子放在背阴的地方阴干，不可直接放在阳光下暴晒。阴干后，便一层麦秸，一层泥哨，用微火烧 12 个小时左右取出；而后撒上松香末，来回搅动，松香末受热融化，并浸润于表皮，使泥哨

贵州黄平泥哨以动物形态的为多，这是一对琴鸟泥哨，颇吸引孩子们的眼球。

陕西鱼化寨泥哨的声音比较独特，以古典人物形态为主，这是三国人物泥哨，即刘备、张飞和关羽（自左至右）。

的外表呈现出乌黑油亮的色泽。这样做出来的泥哨，皮薄而坚硬，且声音脆亮悦耳。

有些泥哨，譬如鱼化寨泥哨、浚县泥咕咕等，在泥坯烧制完成之后，还要经过彩绘、罩油等工序。艺人们多利用陶质的黑地，施以红、黄、绿等鲜艳的颜色，既统一协调，又鲜明强烈，具有浓郁的民族特色。

原本柔软的泥土，经过民间艺人的一双巧手，被捏合成各式各样的形体。随后，经过火焰的炙烤，升华成一个个可以吹奏出响亮音律的精灵。

曾经，那些吹奏着泥哨的孩子们，在不知不觉中走过了田野，走过了一个个春夏秋冬，也走过了天真无邪的童年。

不倒翁

中国传统记忆丛书

圖説
老物件

不倒翁，又称"扳不倒"，是一种深受儿童喜欢的古老玩具。不倒翁的造型，除了慈眉善目、胡须花白的老翁形象之外，更多的是憨态可爱的胖娃娃形象。

不倒翁，不仅好玩好看，而且历史悠久。据史料记载，不倒翁应该是由唐代的"捕醉仙"演变而来的。

捕醉仙，又称"劝酒胡"、"酒胡子"，是一种劝酒的工具。众人聚会饮酒之时，为了活跃气氛，便将捕醉仙放在一个盘子里，其中一人用手一拨，它便跟跟跄跄地转动起来，最后指向谁，谁就喝酒。

曾经有些孩子为了拥有一个不倒翁玩具，在父母面前不知道掉过多少次眼泪。

后来，不知是哪位闲客一时心血来潮，见那"捕醉仙"确实是一个好玩之物，就搞了一个恶作剧，对其加以改进，制成了头戴乌纱、身着官袍的不倒翁玩具。

最常见的不倒翁玩具是纸身、泥底，即用纸浆灌模或用废纸裱糊成形，再用泥土制成半圆形的底座，将二者黏合好了之后，在外面糊上净纸，施以彩绘；也有的用木头做底，底部中心固定上铁块或小石子；还有用

留着抓髻，身绘牡丹图案的不倒翁娃娃。

这是采用葫芦壳制成的各种不倒翁娃娃，样子非常可爱。

小葫芦挖净内瓤，内部灌铅做成的"葫芦"，后来才逐渐发展成瓷制和塑料制品。

那么，放在桌面上的不倒翁，为什么不管怎么碰它都倒不了呢？

一方面因为它上轻下重，底部有一个较大的铁块，所以重心很低；另一方面，不倒翁的底面大而圆滑，当它向一边倾斜时，它的重心和桌面的接触点不在同一条铅垂线上，重力的作用会使它向另外一边摆动。

譬如，当不倒翁向右边倒时，重心和重力作用线的接触点在左边，在重力的作用下，不倒翁就向左边倒。当倒向左边时，重心和重力作用线又跑到接触点的右边，迫使不倒翁再向右边倒。不倒翁就这样摆过来，摆过去，直到因为摩擦和空气的阻力，能量逐渐损失、减少到零时，重力作用线恰好通过接触点，它才不会继续摆动。

几乎每一个初次看到过不倒翁玩具的孩子，都会被这种

今天，孩子们对不倒翁玩具已经逐渐地失去了兴趣。它们只能默默地伫立在尘世一角，聆听时光匆匆的脚步声。

有趣的现象给吸引住，并渴望自己拥有一个。

然而，并非所有的心愿都是可以实现的。在那些艰辛的日子里，对某些孩子来说，拥有一个不倒翁，就像一个遥不可及的梦。

于是，有些孩子决定自己动手制作不倒翁。他们找来空蛋壳，在里面放上一些沙粒，而后再为蛋壳做上一个锥形的纸帽子，一个简易的不倒翁玩具就做成了。

这种自制的不倒翁，若跟那些正宗的不倒翁玩具相比，的确寒酸了许多。然而，它们那摇来摆去的诙谐神态，仍为孩子们的童年增添了许多乐趣。

布老虎

布老虎，是一种非常古老的玩具。它就像一个绚丽的符号，深深地嵌在时光的深处，并闪烁着浓浓的爱意。布老虎玩具的出现，应该是源于民间百姓对虎的崇拜。

在中国人心里，老虎是驱邪避灾、平安吉祥的象征，而且还能够保护财富。它寄托着人们对美好生活的向往与追求，因此至今仍受到人们的广泛喜爱。

威猛可爱的布老虎玩具，是长辈送给孩子们最美好的祝福。

在过去，老百姓更是把老虎看做是儿童的保护神。因为以前医学还不发达，新生的婴儿容易夭折，要把一个孩子抚养成人确实不容易。平常，人们多把孩子夭折归咎于邪魔作怪，而老虎被认为是威力无比的象征，能够降伏一切。

布老虎的最早形状已经无从考证，但它的出现是与我国民间所流传的某些习俗密切相关的。在工业生产十分发达的今天，人们仍然喜爱用手工缝制的布老虎。因为在它的身上，不仅体现着中国妇女特有的心灵手巧

这是心灵手巧的妇女们缝制的绣花虎，看上去有些时尚与靓丽。

和聪明才智，更多的则是它的身上承载着老一辈对新一辈的殷切期望与美好祝福。

很早以前，我国民间就有在端午节做"艾虎"的习俗。所谓"艾虎"，就是妇女们用布和彩线缝制一些小老虎，并在里面装上艾叶，然后缝在孩子们的衣服肩上，用来镇邪除恶。

除了端午节，在春节、元宵节等其他节令，以及新生婴儿"洗三"（婴儿出生三天时）、百日、周岁生日、两岁生日，人们也经常会缝制各种形态的布老虎，它们同样具有辟邪、祛灾、祝福的美好寓意。

布老虎的形态多种多样，有单头虎、双头虎、四头虎、子母虎、枕头虎、套虎等。

因为布老虎是纯手工缝制的，所以并没有统一的规格式样。心灵手巧的妇女们用手头不同的材料，凭着自己丰富的想象力，缝制出许许多多形态迥异的布老虎。

在民间较为常见的布老虎，是用棉布或丝绸缝制而成的。布老虎的内部装填棉花、锯末、谷糠或香草，表面用彩绘、刺绣、剪贴、挖补等手法描绘出老虎的五官和花纹。

在我国北方的很多地区，人们给小孩做的布老虎，大都是采用做衣服剩下的边角余料，色调非常鲜艳。在造型上更是极为夸张，追求神似而不拘泥于形似的特色，以此达到怡情寄趣的目的。

妇女们在缝制布老虎的时候，改变了老虎的原形，在形态上夸

这是两端都缝制上虎头的"双头虎"，孩子们在玩耍的时候，也可以拿来当做枕头小憩。

"四头虎"的形状就像是一个小南瓜，曾经令许多孩子感到新奇。

张了布老虎的头部。虎头的大小几乎与虎身相同，大幅度地缩小了老虎的身子、尾巴，缩短了四条腿。与之相反，却细致入微地突出表现老虎的眼睛和嘴巴。它们以头大、眼大、嘴大、身小等特点来突出布老虎勇猛的神态，凸显了"不肖形似，而求神似"的传统艺术风格。

这是一对可爱的母子虎，既代表着吉祥，又象征着母爱。

这种老虎形象，是把现实中的虎和理想化了的虎交融在一起，使其具有人的性格，满含人的感情，因此显得憨态可掬，十分可爱迷人。

而今，人们对布老虎仍怀着一份深深的喜爱之情。只是，能够以手工缝制布老虎的妇女已经越来越少了。那些从车间流水线上走下来的布老虎玩具，虽然形象更加逼真，但却少了几分自然与淳朴的意蕴。

老鼠娶亲

老鼠娶亲，是一种用布头缝制的儿童玩具。这一玩具谐趣生动、做工精细，颇能锻炼女红的水平，因而在过去备受女孩子们的喜爱。

老鼠娶亲玩具的造型，多为两只老鼠乘坐在一只鞋子里面，而不像剪纸或年画作品中所乘坐的轿子。老鼠新郎一般都身披红花，手拿折扇，一副

老鼠新娘娇羞地躲在鞋子里面，老鼠新郎的模样则滑稽可爱，这是过去孩子们难得的玩具。

春风得意的姿态。而老鼠新娘大都头披红盖头，或半遮半掩，一副娇羞的神情，或干脆藏在鞋子里面，令人看后忍俊不禁。

缝制这些玩具的，多为一些心灵手巧的农家妇女。她们在农闲之余，便用家中做衣服时剩余的布头和绒线，缝制一些可爱的小玩具送给孩子们。

老鼠娶亲这一布玩具题材，显然是受到了民间风俗的直接影响。在我国民间的很多地方，都流传着"老鼠娶亲"的故事。

每当新年到来之时，老鼠们也开始在大正月里操办婚事。老鼠娶亲可是一个大日子，据说在老鼠娶亲的夜晚，人们能够听到老鼠"吱吱"的叫声，甚至还能看到热闹的庆祝场面。

但是，人们为了不打扰老鼠娶亲的好事，在晚上都会尽量提前熄灯睡觉，并且在家中的厨房或老鼠经常出入的角落，撒一些米粒、点心与老鼠共享新婚的欢乐和一年来的收成。人们之所以这么做，

是希望跟老鼠打好交道，以求在新的一年里鼠害少一些。

由于习俗不同，各地老鼠娶亲的日子也并不相同。

上海郊区的一些地方，认为老鼠娶亲的日子是在农历正月十六。这天晚上，家家户户都要炒芝麻糖，就是为老鼠娶亲准备的喜糖。

老鼠娶亲这个题材，通过剪纸这种艺术形式表现出来的时候，内容会更加丰富一些。

湖南一些地区则以农历正月十七作为老鼠娶亲之日。这一天，禁忌开启箱柜，害怕惊动老鼠。头一天晚上，儿童将糖果、花生等放在阴暗处，并不停地敲打锅盖、簸箕等物，为老鼠催妆。等到第二天早晨，将鼠穴堵住，认为从此以后老鼠可以永远绝迹。

老北京传说，每年农历正月初七夜晚是老鼠大喜之日。这天晚上，小孩子都早早躺在床上，等着耗子娶媳妇。这也是为了不惊扰老鼠，俗语道："你扰它一天，它扰你一年。"

然而，总会有些好奇的孩子，大半夜不肯睡去。他们希望能够听到老鼠娶亲的鼓乐，可是除了从窗外隐隐约约传来的风声，他们啥也没有听到。

在东北地区，则是将农历正月二十五的晚上定为老鼠娶亲之日。在这天夜里，家家户户不点灯，全家人坐在炕头上，一句话不说，只是摸黑吃着用面粉做成的"老鼠爪爪"和炒黄豆。不点灯、不出声的意思，也是为老鼠娶亲提供方便，生怕惊扰了老鼠的喜事。

晋北一些地区将农历正月初十定为老鼠大喜的日子。在这一天晚上，人们早早地熄灯上炕，忌说话，以免惊扰了娶亲事宜，惹恼了鼠神。

只是那些单纯的孩子们，总是信以为真，闹着不肯睡觉。因为他们想看一下老鼠的鼓乐队是个什么模样，更想看一下老鼠新娘乘

老鼠新郎春风得意，老鼠新娘满面幸福。这样淳朴的玩具，只有心灵手巧的农家妇女才能缝制出来。

坐的轿子。

于是，大人们只好哄骗他们说："只有嘴里含着驴粪蛋蛋，耳朵里塞上羊粪蛋蛋，在满天星星的时候，趴在磨眼里，才能看到老鼠娶亲的热闹场面。"对于这样苛刻的条件，孩子们当然不愿意干了，最终也只好选择睡觉了。

老鼠娶亲的习俗，充分反映了旧时民间既憎恨鼠害，又惧怕鼠害的传统心理。而孩子的心绪，也许不会如此复杂。在他们看来，老鼠娶亲更像是一个充满神秘色彩的童话。而老鼠娶亲玩具，带给他们的，除了一种对儿时的回忆，大概还有对长辈的怀念吧！

摇　猴

"吱吱、吱吱……"

一阵阵欢快的声响，在正月乡村戏台的左右此起彼伏。锣鼓笙箫的演奏和"咿呀、咿呀"的唱腔，丝毫勾不起孩子们观看的欲望。

他们在如醉如痴的大人群里不停地穿梭、嬉戏，偶尔在附近点燃一枚鞭炮，或摇响手中的摇猴。

"吱吱、吱吱"的声音，令大人朝他们投来怨责的目光，但这并没有影响孩子们玩耍的心情。

摇猴，是一种小型的泥塑玩具，大小跟成年人的食指差不多。孩童们将摇猴拿在手中，犹如举着一只小巧玲珑的指猴。只要轻轻地左右一摇晃，就会发出猴子一样"吱吱"的鸣叫。

摇猴的结构与泥老虎相似，猴子的上身与下肢是分开的，中间用一块薄羊皮衔接起来。小猴的体内装有一个哨子，只要用手捏住

这些会"吱吱"叫的小泥猴儿，曾为孩子们带来过数不清的快乐。

摇孩玩具的原理与摇猴相
同，只是在外观上，泥塑艺人
多了一点创新罢了。

中国传统记忆丛书

小猴的下肢左右摇动，就会发出"吱
吱"的声响。

摇猴的价钱，一般要比泥老虎便宜
许多。对那些买不起泥老虎的孩子们来
说，拥有一个摇猴也是不错的选择。摇
猴虽然是泥做的，但很耐玩。只要不是
故意将其摔碎，或被水浸泡，一个摇猴
可以玩许多年。即使它们身上那美丽的
彩绘完全褪去，露出了泥土的本色，仍
丝毫不失欢快的音质。

对孩子们来说，快乐的本质比任何
外表的美丽都要实用吧！

叭哒猴

每年的春节到正月十五这段时间，是孩子们最快活的一段日。因为按照民间的习俗，一般正月十五闹过花灯之后，才算过完年。一年当中，也只有在这段时间孩子们可以尽情吃好吃的，穿崭新漂亮的衣服。更令他们兴奋的，是每个人衣兜里都或多或少揣着几角压岁钱。

那些卖耍货的小商小贩们，正是瞅准了这个商机。于是，每天都会有不少卖耍货的商贩穿梭在街巷之中叫卖。尤其是在村里社戏演出的时候，那些卖耍货的、卖零食的商贩们便会蜂拥而至，在街头或场院上构成一道特殊的景致。对孩子们来说，其中任何一处景致都充满了甜美的诱惑。

卖零食的摊位前，一般都会多出一个草耙，上面插满火红的山楂葫芦、蘸满糖稀的山药串，还有黑糊糊的软枣粒子。

小贩们为了招揽生意，他们大都会手持一个叭哒猴不停地摇动。"叭哒、叭哒"有节奏的清脆的声音，会传出很远。

此起彼伏的"叭哒"声，简直要盖过了远处锣鼓的鸣声。这也正是"叭哒猴"吸引孩子们最重要的一点，大多数的男孩子都经受不住那一阵阵清脆声音的挑逗，拿出压岁钱来购买一个。

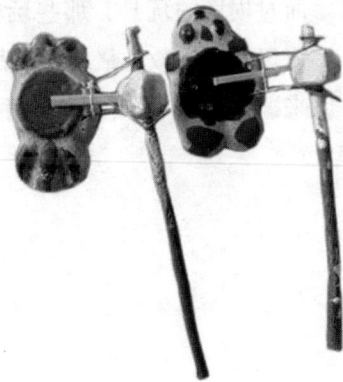

叭哒猴，是过去农家孩子们最喜欢玩耍的一种廉价泥塑玩具。

叭哒猴玩具上的"小猴"虽然其貌不扬，但响起来的时候却能震人耳膜。

"叭哒猴"，主要由两部分构成：一部分是一个泥塑彩绘成猴形的饼状体，在正面开一个大孔，并覆上一层牛皮纸，类似于鼓面；背面则留有一小孔，便于发音；另一部分是在一根细棍上，用泥捏上一个小小的"齿轮"。

饼状的泥猴预先串上两根细钢丝，平行固定在小木棍上。在两根钢丝之间拴上一根结实的线绳，并穿插上一段小竹片，将线绳绞紧。

在转动的时候，饼状泥猴会绕着小木棍上的泥齿轮快速运行。小竹片受到齿轮的阻隔后一头翘起，随即敲击在泥猴的腹部，便会发出清脆的声音。

孩子们在玩"叭哒猴"的时候，最容易得意忘形。他们不停地摇动手中的"叭哒猴"，那清脆而不知疲倦的"叭哒"声，伴随着零零星星的爆竹声，远传越远。

然而，得意忘形总是要付出代价的。结果，或是饼状的泥猴在飞快地运转中，犹如一只突然跃起的蚂蚱，脱离了小木棍的牵引；再不就是小竹片将泥猴腹部的鼓面击破，顿时变成了一只"哑猴"。

与泥老虎、摇猴等泥玩具相比，"叭哒猴"只能算是一种短命的玩具。面对损坏的玩具，那些玩耍的孩子们一边心痛不已地掉下眼泪，一边想办法补救。最终，大都是回天无术，忍痛将其丢掉了。

原来，每一门看似简单的手艺，其实都有他人无法掌握的诀窍哩！

弹　弓

在众多玩具之中，几乎成为男孩专利玩具的弹弓，有着非常高的知名度。在过去，全国各地的男孩子们，几乎都有过玩弹弓的经历，并拥有一把心爱的弹弓。

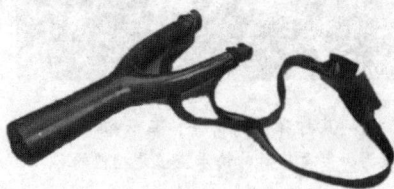

弹弓的历史非常悠久，最早出现的时候，它是一种用于射出弹丸的远射兵器。但因为弹弓的威力相较于弓箭来说要逊色许多，故而多用于狩猎。不过，由于弹弓比弓箭轻便易携带，使用起来也比较方便，且近距离的杀伤力也不弱，因此在民间广泛流传开来，并演变成一种儿童的玩具。

一把小小的弹弓，曾让无数的男孩为之疯狂，并将其视为最亲密的伙伴，时时带在身边。

制作弹弓，对每一个孩子来说都充满了无限的乐趣与诱惑。制作弹弓主要有两种方法：

一是采用钢筋铁丝做，选用的钢筋铁丝不能像伞骨那样没有韧性，那样不方便弯曲；但也不能像保险丝那样不够坚硬，而且最好粗一些，这样做出的弹弓比较结实。选好铁丝后，把它弯曲成高脚杯外轮廓形状，顶端的两旁各弯上一个圆耳，用来系皮筋。然后把选好的皮革弹弓兜两端各打一个洞，皮筋从此穿过，一环扣一环，最后绕到弯好的铁丝两端的圆耳。为了让弹弓更加结实，有些孩子还会找一些破布或者麻线缠绕在弹弓的手柄处，这样手感会好很多。

另一种方法就是采用树木的枝杈来制作，这也是孩子们最喜欢的一种方法。因为木头弹弓的手感好，而且瞄准后更便于发力。

这一幕打弹弓的情景，虽然距离现在有点遥远，但童年时的快乐应该是相似的。

要寻找到一个标准的"丫"字形枝桠，也并非是一件容易的事情。因为生在显眼处的那些标准枝杈，早已被其他的孩子们据为己有。如果想发现一个新的目标，只有跑到田间地头的那些树木旁去寻找。

榆树，则是被关注的重点对象。因为榆树上的枝杈比较多，比较容易发现目标。别看榆树的外皮粗糙，但剥掉外皮以后，里面的树干光洁柔滑，绝对是做弹弓的上等材料。

做弹弓的兜，大都是到补鞋师傅那儿弄来的。在绑皮筋之前，先把皮筋割成等长，千万不要直接用线将皮筋直接绑到木叉上，而是要认真校正，以防跑偏。皮筋要选那种拉力强、有劲的，而且拉的时候皮筋要没有空洞。绑的时候最好两个人，用棉线多缠几道。

谁若拥有一把上好的弹弓，在小伙伴中间连说话的声音都会响些。如果再加上一流的命中率，他就会成为小伙伴们羡慕和崇拜的偶像。

那时候，玩弹弓对孩子们来说，是一件其乐无穷的事情。几乎走到哪儿，他们都会把心爱的弹弓揣在兜里，可以随时随地掏出来玩。远处的一丛棉槐，一朵野花，一只飞跑的田鼠，都会成为他们射击的目标。

孩子们之间，还喜欢相互比试弹弓的技艺。在远处的墙头上放上一个小铁罐，或是在前方的树杈上挂上一条偷偷摘来的丝瓜，就可以进行比赛了。如果谁最终射中胜出，就会高兴得像中了状元似的。

夏天，是孩子们玩弹弓的最佳时节。他们躲在柳树下，透过碧绿的枝叶，寻找那一声声婉丽的鸟鸣。那是一种名叫柳燕的小鸟，只有成人的拇指大小，但却长着异常美丽的羽毛。因为好奇心的驱使，那时的孩子们在淘气中就多了一点残忍。

"嗖——"一粒石子飞出去，伴随着孩子们的欢呼雀跃，一只柳燕跌落到地上，或者是树枝上的一只蝉应声落地。此时，另外一些受了惊吓的蝉，一边鸣叫着洒下几滴清凉的液体，一边逃得无影无踪。

铁丝做的弹弓，没有木头弹弓踏实和顺手。只要能够找到合适的枝杈，孩子们一般不会选择铁丝做弹弓。

那些飞逝的蝉们，就像每个人的童年，一去不再复返。

淡出记忆的儿时耍货

空 竹

过去，人们在街头巷尾，经常能见到孩子们用绳子抖动着一个个"竹筒"，玩出各种花样，而高速转动的"竹筒"则会发出一阵阵清脆的声响。这就是古老的玩具——空竹。

以前的空竹，大都是用竹木材料制成的，中空，因而得此名字。据考证，空竹最早是由陀螺演变而成的一种民间儿童玩具。

不过，在不同的时间与地域，空竹有过不同的名字。明、清以前，人们称它为"空钟"、"胡敲"、"风葫芦"等。

今天，在南方地区，有称它为"响簧"的，也有称它为"嗡子"和"哑铃"的；台湾地区则称它为"扯铃"；而北方人大都称其为"空竹"。

空竹主要分为单轮空竹（木轴一端为圆盘）和双轮空竹（木轴两端各有一圆盘）。双轮空竹比单

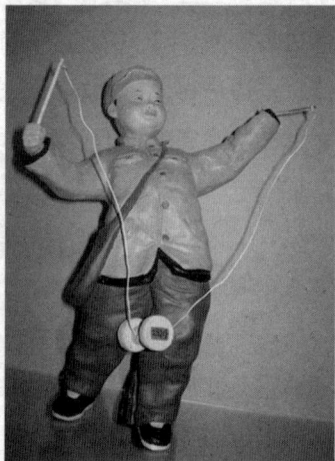

放学之后，孩子们最喜欢玩的玩具就是抖空竹，这曾经是老街上的一道风景。

初学抖空竹，一般都是先从抖双轮空竹学起。即使这样，也需要学习者有一定的毅力。

中国传统记忆丛书

圖说
老物件

74

轮空竹容易操作。圆盘四周的哨口，以一个大哨口为低音孔，若干小哨口为高音孔，以圆盘哨口的数量而分为双响、四响、六响，直至三十六响等。在拽拉抖动空竹的时候，各哨口同时发音，高亢雄浑，声彻云表。

这是一个七响的单轮空竹，需要在熟练双轮空竹的技巧之后，才能逐步将它抖起来。

抖空竹游戏的技巧性相当强。竿，是抖空竹的必备工具。一般杆的直径约 8～12 毫米，根据特殊需要也有更细或更粗的，长度以 450～550 毫米为佳。

棉线用一般的棉线即可，可以买，也可以用手套线或其他棉线自己动手搓制。无论买的还是自己动手搓制的，都要注意线绳拧的方向。右手抖空竹者，将线绳向右拧；左手抖空竹者，将线绳往左拧。如果反了，在抖空竹的过程中，线绳会自动松开。

玩的时候，将棉线在空竹圆柱中心位置的槽隙处缠绕几圈，先慢慢地拉起空竹旋转起来，然后双手有技巧地甩动线竿，使空竹借着惯性在线绳上不停地旋转。

在过去，有很多初玩空竹的孩子，就是因为过不了旋转这一关，最终泄气地将父母为其买的空竹扔到一边去了，再也不愿去碰一下。

然而，总有那么一些不肯服输的孩子，空竹从线绳上滑落一次，他们就捡起一次，不气馁地练习。终于有一天，空竹开始听从他们的指挥，在线绳间自由地旋转了起来。为此，他们都兴奋得欢呼雀跃起来。

渐渐地，他们能够将手中的空竹玩出各式各样使人眼花缭乱的花样，令其他的孩子们羡慕不已。

熟练空竹操作技巧的孩子，能够玩出各种各样有趣的动作，譬如"仙人跳"，用脚踏在棉线的中段，使在

这种异型的单轮空竹，需要经验非常丰富的人才能将它抖起来。

空竹这种玩具，不仅孩子们喜欢，就连老人们也喜欢。抖空竹，能够强身健体。

脚一侧转动的空竹，由脚背上跃过至另一侧；还有"满天飞"，就是将空竹高高抛起，然后用棉绳接住，再抖或再抛掷……

只要玩熟练了，空竹在孩子们的手中就会变得非常听话。每一个孩子都会想方设法玩出一些别人不会的动作，然后再相互比试技艺高低。

那些最终学会抖空竹的孩子们，也许是他们在人生的道路上第一次战胜自我。他们从中收获到的信心，跟玩空竹时所享受到的乐趣应该一样重要吧！

呱嗒板儿

呱嗒板儿，又称"竹板"。它是人们在演唱快板或数来宝时，用来打拍子的一种响器。据说，它是由明朝的开国皇帝朱元璋发明的。但在孩子们的眼里，它们却是一种颇为有趣的玩具。

在 20 世纪六七十年代拍摄的电影里面，经常会出现八路军或解放军战士手持呱嗒板儿，自娱自乐演唱的镜头。因此，呱嗒板儿在孩子们的眼里，平添了几分英雄的气质。

正宗的呱嗒板儿，一般是由两块长十七八公分、宽七八公分、厚一公分左右的瓦形竹板组成，上端用绳子串联，下端可以自由开合。

当然，所选的材料也比较讲究，大都用毛竹来制作，以选择不带竹节、无劈裂和无虫蛀的竹材为佳。

而作为孩子们玩具的呱嗒板儿，在尺寸上就不那么规范了。因为它们大都是由大人一时兴起，随意找来两块瓦形竹板削制而成的。但是，只要能够发出清脆的"呱哒"声，对孩子们来说就已经很满足了。

若想学会打呱嗒板儿，并非是一件简单的事情。当然，如果对自己没有太高的要求，只求能够时断时续地

两片普通的竹板连接到一起，就能敲打出清脆而有节奏的声响，它们是孩子们朴实的玩具。

发出"呱哒"之声就可以的话，那怎么使用都可以。

然而，若想使自己手中的呱嗒板儿发出有节奏的"呱哒"声，那就需要学习一定的技巧，并耐心地进行练习。

在握呱嗒板儿的时候，以右手拇指为一方，其他四指为一方。将底板握住，侧面朝外，持板位置在拴绳处的下端，掌心与底板的凹槽约有半个鸡蛋的空隙，手掌与竹板接触之处要尽量密合，要能形成一个共鸣箱。肘和腕子向前推动，撞击前板，就能发出"呱"的声音。

倘若握板的姿势不对，小拇指很容易被前面的那一片竹板击中，非常疼。也许，正是因为忌惮于这一点，很多孩子对呱嗒板儿的态度，很快就会由热变冷。因此，能够坚持练习打呱嗒板儿的孩子，总是寥寥无几。

可是，当某一天，若有哪个孩子打着有节奏的拍子，欢快地唱出"打竹板，响连天"的唱词时，几乎所有的孩子都会被他吸引住，并投来钦佩的目光。

一副呱嗒板儿，不管是作为伴唱的响器，还是作为儿童的玩具，若想让它唱出动听的歌儿，就需要踏踏实实地跟它做朋友。

这就是呱嗒板儿。

哗啷棒

哗啷棒，是过去深受低龄儿童喜爱的木制手摇玩具。据考证，这一玩具是由原始社会的乐器"陶响球"演变而来的。因此，若将哗啷棒视为中国有声玩具的始祖，一点都不为过。

哗啷棒的上半部分，多为圆形、椭圆形或圆柱形的木棒，上面绘有彩色图案，大部分呈简笔画的娃娃模样。木棒内部中空，里面装有二三粒小石子或沙子，然后在下面安上把柄，并堵住孔。

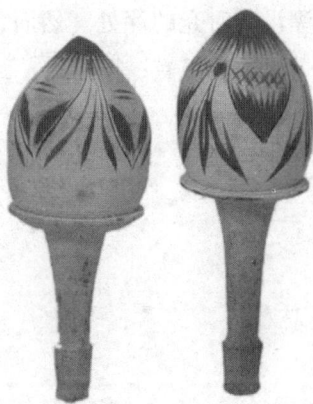

这种桃形的哗啷棒，轻轻地一摇，就能发出"哗啷、哗啷"的声音，曾是低龄儿童酷爱的玩具。

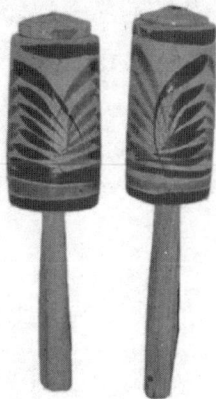

这时候，只要拿在手中摇动，就会发出"哗啦、哗啦"的声音，颇能吸引孩子们的眼球。

哗啷棒，大都是父母在孩子尚未学会走路之前，便买回来给他们玩耍的。这一玩具，既精巧耐用，又安全便宜。因此，过去只要有孩子的家庭，大都能够见到哗啷棒的影子。

一个哗啷棒可以玩很多年，即使上面的彩绘早已褪尽，把柄也被磨得光溜溜的，透出一种岁月沧桑的质

在过去，这种棒槌形的哗啷棒，也是年轻母亲送给幼儿的最好礼物。

在北方一些地区，人们将哗啷棒这种低龄儿童玩具称为"摇铃"，实为同一种玩具。

感，可是"哗啦、哗啦"的歌声仍然快乐如初。

那些逐渐懂事的孩子们，对哗啷棒仍怀有一种特殊的感情。因为，那是一种源自父母手中的声音，曾为他们带来过无数的温暖与关爱。

如今，各种各样精美的高档儿童发声玩具，早已把古朴的哗啷棒湮没到时光的深处。然而，那一阵阵回响在记忆里的声音，仍充盈着浓浓的爱意。

旋木娃娃

旋木娃娃，就是用木头旋制而成的一种低龄儿童玩具。在过去，孩子们的玩具非常少，尤其是出生在农村的那些孩子。一个小小的旋木娃娃，会令他们爱不释手，甚至一直陪伴他们度过童年的时光。

旋木娃娃的造型比较简单，一般长十多公分，是由躯干、圆环和头部构成的。躯干多为圆柱状，而头部多为圆形，也有削磨掉棱角的正方形。从其外形上看，犹如一个缩小的棒槌。

男娃娃与女娃娃的区别，往往取决于工匠们最后的彩绘。旋木娃娃的彩绘装饰，也承袭了我国民间玩具的传统装饰风格，古朴简练，大红大绿。而娃娃面部的神态，只是用黑色线条，寥寥数笔勾勒一番，便栩栩如生。

有的娃娃是呈开怀大笑状，有的呈抿嘴偷笑状，有的则呈惊讶状，生动传神，颇令人喜爱。女娃娃只需在头部加几笔刘海，再添

这些色彩艳丽，神态生动简练的旋木娃娃，曾陪伴着农村的孩童度过许多欢乐的时光。

两个小蝴蝶结，或者干脆来两条小辫即可。

那时候，一些挑着扁担的小商小贩，经常穿梭在村庄里那些被堆积的麦秸垛或玉米秸占领的略显狭窄的街巷里。精巧美丽，而又非常便宜的旋木娃娃，总是被摆在最显眼的位置处。因此，他们不论在哪个角落放下扁担，很快都会围上来一群浑身沾满泥巴的孩子。

即使玩具再便宜，那些孩子们的母亲也会思忖再三，才能决定是否为自己的孩子购买一个。也许最近家里的经济条件宽裕了一点，也许最近孩子刚有过一场小恙，这些原因都会促使向来节俭的母亲为孩子购买一个旋木娃娃。

拥有一个小小的旋木娃娃，对当时的不少孩子来说还只能是一个梦想。而那些有幸获得一个旋木娃娃的孩子，每天都会将其带在身边，甚至睡觉的时候也会放在枕头边上。

孩子们在一天天地长大，旋木娃娃身上的色彩也在一点点地褪去。直到在别人的眼里，它们真的已经变成了一个"小棒槌"。然而，在孩子们的眼里，旋木娃娃身上的色彩仍存。他们会将自己珍爱多年的玩具，送给自己的弟弟或妹妹。

制作旋木娃娃的材料多为杨木，因为杨木质地细腻光洁，且比较柔软，适合旋削。制作旋木娃娃的手艺人，在乡间被称为"旋匠"。

在那个生活贫困的年代，造型简练而又廉价的旋木娃娃，为许多孩子留下了难忘的记忆。

旋匠是木匠的一种，但技艺比木匠更加独特和高超。旋匠除了使用木匠的工具之外，还有固定在板凳上用来旋制木制品的旋子。

旋子，主要是由旋刀、弓弦和固定板凳组成。工匠在旋制旋木娃娃的时候，不管木料软硬，都要事先放在水里浸泡几个时辰，让木料喝足水定型之后再进行旋制。当然，新采伐的树枝，不用经过浸泡也可以旋制东西，但是

中国传统记忆丛书

旋出来的东西容易干裂走形。所以，旋匠师傅们大都是用干木料浸泡之后再旋。

开始旋制的时候，先用固定板凳将一截杨木固定住，将弓弦在木料上缠几道圈，左手来回拉动弓弦，驱使杨木旋转；右手紧握锋利的旋刀贴近杨木，只听"噌噌"做声，木屑飞溅，像抛撒在地上的白花瓣。圆圆的小脑袋出现了，接着是细挑的身子。

旋木娃娃的主体旋出来之后，还要用雕刻刀将粗糙的地方进一步加工，再用细纱布打磨，然后根据需要加以彩绘装饰，一个旋木娃娃便诞生了。

如今，各种各样的现代儿童玩具，令人眼花缭乱。与它们相比，简单而又土气的旋木娃娃自然难以赢得小朋友的青睐。也许，这是社会发展的一种必然。但是，若将那份手艺与旋木娃娃一起丢掉，就是一件令人感到极其惋惜的事情了。

泥人模

童年的心，犹如一只小麻雀，即使在艰辛的日子里，也会快乐地蹦蹦跳跳。过去，几乎每一个农村孩子都有过玩泥巴的经历，而且对泥巴怀有一种特殊的情怀。

玩泥巴的方式很多，但最有趣的当属捏泥人了。对农村的孩子来说，泥土是取之不竭的极为方便的原材料。尤其是在一场大雨之后，甚至连浸泡的过程都节省下来。只要将村头的黄胶泥挖一些回来，经过一番揉搓和摔打之后，就变成了得心应手的创作材料。

齐天大圣孙悟空，是那个时候每个孩子都渴望拥有的一个泥人模子。

孩子们所捏的泥人，大都是自己凭空想象出来的，有扛枪的，也有拿大刀的。男人的脑瓜都光秃秃的，女人的头部两侧多了两条细长的辫子。更多的时候，孩子们喜欢捏一些小狗、小马、小猴等动物。

捏泥人，是一种需要美术基本功的手艺。而孩子们以自娱自乐方式捏出来的泥人，自然是有形无神，甚至连外形都不像。但却有一种非常简单的方式，能够在瞬间将孩子们的捏泥水平提高一大截，那就是采用泥人模。

泥人模一般都是陶质的，就像我们平常所见的面花模子一样。那时候，泥人模子的品种非常多，有水果有花朵，有动物有器具，尤其让人称道的是古装人物。不论是古代武将，还是红粉佳人；不论是皇帝百姓，还是神佛妖怪，都刻画得惟妙惟肖。

在使用泥人模的时候，只要将那些黄胶泥揉成圆饼形或长条形，将表面光滑的一面贴在陶模上，而后用力均匀地按压几下，再将泥和陶模分开，栩栩如生的图案便印在泥上了。接下来，只需用剪刀把泥人周边的毛刺剪掉，一个漂亮的泥人便诞生了。

那个时候，孩子们并不清楚泥人模上的吕布是何许人也，但他满身盔甲的勇猛姿态，令他们爱不释手。

然后，把拓印的泥人放到阴凉、通风、干燥的地方晾干即可。通过泥人模制作的泥人，其五官、衣饰、姿态都细致入微，活灵活现。如果条件允许，再把泥人涂上合适的颜料，与集市上出售的泥人玩具相比，并不逊色多少。

泥人模是孩子们从走街串巷的小贩那里买来的。一个泥人模，便宜的几角钱，贵的一元多，也可以用玉米和麦子来换。大人们当然舍不得花这些钱为孩子们买一个玩耍的泥人模。于是，有些淘气的孩子便会趁着大人不注意的时候，偷出一瓢玉米或半瓢麦子，从小贩手中换得一个梦寐以求的泥人模。

当然，不是每一个孩子的"阴谋"都能得逞。那些没有泥人模的孩子，就会想办法自己动手制作。他们先用米汤将黄胶泥和好，揉得不软不硬，像面团一样。然后，他们取一块放在一个自己喜欢的泥人上，用力地按，反复地压，确保每一处的细节都印得清清楚楚，才轻轻取下来，放在小火铲上，小心翼翼地送到灶下。

火大了不行，容易烧裂；

有些孩子不知从哪儿弄来几片青瓦作模子，拓印出来的虽然不是好看的动物或人物，但在孩子们的眼里也颇为有趣。

猪八戒背媳妇，是孩子们经常拿来翻制泥人模的一种泥人，只是翻制出的泥人模少了一些立体感。

有火苗不行，容易熏黑。最好的办法，就是放在快熄了的微火中，慢慢地烧烤。约摸半个来时辰，泥模就被烧成了瓦块状。这个泥人模也算制作成功了，可以用来翻制下一代泥人。

只是这样的泥人模不太坚固，容易开裂，做出了的泥人也不太清晰，但这并不影响孩子们玩耍的心情。那些较为满意的泥人，会被他们小心翼翼地摆在自家窗台上。倘若有邻居来串门，能够多瞅几眼，或夸赞两句，他们心里就会像灌了蜜似的。

现在，已经很少能看到孩子们玩泥巴了，而那些古朴的泥人模，却深深地拓印在一代人的心里，留下一串串快乐的、抹不掉的符号。

蟋蟀罐

那时候，农家的孩子大都买不起玩具。于是，他们就自己动手寻找乐趣，斗蟋蟀便是其中之一。

蟋蟀，又叫蛐蛐、促织，雄性善鸣好斗。它们虽然是害虫，但因小巧玲珑、俏丽好歌，逐渐成了人们的宠物。

我国玩蟋蟀的历史悠久。不但皇帝玩，达官贵人玩，平民百姓也玩；北方有人玩，南方也有人玩。

斗蟋蟀，是过去农家孩子在入秋之时最喜欢玩的一种游戏。

农村的孩子，小时候大都有过玩蟋蟀的经历。每当夏末秋初，乍凉还热、秋风渐起的季节，每日里不管是早晨还是夜晚，从房前屋后的石头堆里和荒芜的杂草、沟壑之处，都能听到蟋蟀"嘟嘟嘟"的美妙鸣声。

蟋蟀是一种非常好斗的昆虫，这也为孩子们提供了游戏的机会。

捕捉蟋蟀大有学问，孩子们虽然不完全了解，但也知道个大概。蟋蟀的栖息地，往往也会决定着虫质的优劣。通常情况下，生长在碎砖乱

这是用来喂养蟋蟀的罐子，对过去的农村孩子们来说，拥有这样一个蟋蟀罐并非易事。

石中的蟋蟀，要比生长在泥土杂草间的蟋蟀体质强壮。因此，孩子们更喜欢到村头的一些碎石瓦砾堆去捕捉蟋蟀。

在捕捉蟋蟀的时候，需要动作麻利敏捷。因为蟋蟀非常机灵，一见到人影或听到一点异响，就会停止鸣叫，并跳跃逃脱。

每当发现心仪的蟋蟀，孩子们就会轻盈地跳上前去，五指并拢微弯，往地下一扣，便将蟋蟀笼住了。但是，总有些孩子因为操之过急，或不谙此道，一巴掌下去，虽然蟋蟀被捉住了，但却成了肉泥。

一些逃回洞穴的蟋蟀，孩子们便会用草棒往洞内撩拨。那些受到刺激的蟋蟀，便会蹦跳而出，最终变成孩子们的俘虏。

捕捉回来的蟋蟀需要悉心喂养，否则用不了几天就会饿死。蟋蟀的食物比较杂，可以用米饭、毛豆，也可以用玉米饼子的碎屑。为蟋蟀提供充足的食物，对孩子们来说是一件轻而易举的事情。因为它们的食量原本就小得可怜。

唯一令孩子们感到头痛的，是如何给它们布置一个舒适的家。哪怕一只最廉价的蟋蟀罐，孩子们也没钱购买。

于是，他们就找来一些空罐头瓶、铁皮盒，或因为裂纹被大人弃置的泥钵来替代蟋蟀罐。也有些孩子会自己动手挖来黄泥捏制蟋蟀罐，虽说可大可小，但却很容易开裂，更怕沾水。

如果哪一个孩子从大人那里得到一只廉价的蟋蟀罐，他在小伙伴们中间就会变成"明星"。即使他喂养的蟋蟀再瘦小，走起路来也会因为手中的那只蟋蟀罐而昂首挺胸。

蟋蟀动不动就打架，特别是吃了辣椒末之后，打起架来更狠。因此，斗蟋蟀也往往成为孩子们各自展示"军事实力"的游戏内容之一。

这样的镜头，很多人在童年时都曾经历过，为了斗蟋蟀忘了吃饭，忘了家长先前的责备。

比武的结局，往往是一方被杀得落荒而逃，或是缺胳膊少腿，令人惨不忍睹。胜者可就不同了，得胜的蟋蟀振翅嘶鸣，一副洋洋自得的神态。当然，其主人在小伙伴面前也是得意洋洋，好不威风。

这就是童年斗蟋蟀的乐趣。

而今，那些早已经长大的孩子们，恐怕没有一个人再会因为缺少一只蟋蟀罐而犯愁。然而，现在又有谁会跑到野外去捕捉蟋蟀，并静下心来聆听一下它们的弹唱呢？

竹节蛇

竹节蛇，是过去民间竹木玩具中颇具代表性的一种。街市上商贩出售的竹节蛇，一般长三四十公分左右，是采用一小节一小节的竹节做成的。

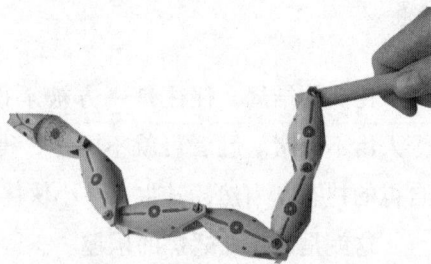

竹节蛇玩具的身上，大都绘有彩色图案，且变化多端。与竹子的本色巧妙搭配，显得异常狡黠凶狠。当手握蛇尾的时候，整个蛇身便会左右摇摆起来，竹节发出微响，犹如一条毒蛇在快速游弋，十分逼真。

经过彩绘的竹节蛇，非常形象逼真，它是过去男孩子们拿来恶作剧的最佳玩具。

采用竹管制作的竹节蛇，之所以能够像真蛇一样游弋爬行，完全在于玩具制作者的巧妙设计。

原来，在竹管套接时，必须从蛇尾开始，一段段地升高。这样，在握住蛇尾的时候，由于重心落在了蛇头上，造成蛇体的不平衡，所以蛇头就会摇来晃去、左右摇摆。

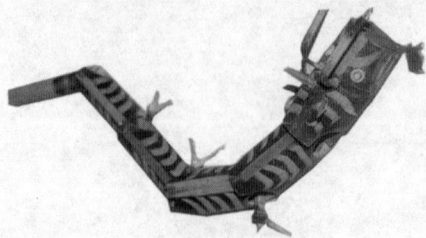

也有的竹节蛇玩具，中间是以一段较长的竹管作为蛇身，分别朝蛇头与蛇尾叠高。这样，只要握住蛇的中间，重心便会落到蛇头和蛇尾上，从而使两端不停地晃动起来。

黑色竹节龙的结构原理与竹节蛇相同，看上去异常凶猛，同样受到男孩子们的喜爱。

那些争着购买竹节蛇的，大都是一些性情活泼，喜欢恶作剧的男孩子。对那些性情胆小的女孩子来说，竹节蛇简直是她们的一个"噩梦"。每当看到有手持竹节蛇的男孩跑过来时，她们就会吓得四散而逃。

一条小小的竹节蛇，瞬间便满足了他们的虚荣心。

许多年后，那些手持竹节蛇的男孩，是否会因为当年的恶作剧而羞愧脸红呢？而那些曾经受到过惊吓的女孩，是否会陡然怀念起某一条竹节蛇的小主人呢？

连环画

牛郎织女

牛郎织女的传说，曾令无数的孩子为之着迷。这本连环画以图文并茂的形式，把这个美丽的传说生动地展现在孩子们的眼前。

连环画，又称"小人书"。在上个世纪，只有巴掌大小的连环画曾风靡全国，几乎在当时的每一个孩子心中都留下了美好而深刻的记忆。

连环画，兴起于20世纪初叶的上海。创作者根据文学故事作品，或取材于现实生活，编成简明的文字脚本，据此绘制成多页生动的画幅而成。一般以线描为主，也有彩色的。

我国的连环画可以追溯到汉代的画像石，北魏的敦煌壁画等。在这些古代艺术作品当中，有不少作品是以连续的画幅来描绘故事和人物传记，这应当是连环画的雏形。

到了宋代，随着印刷术的广泛应用，连环画的形式由画像石、壁画向纸质图书转移。有插图的书本大量出现，插图的内容生动地表现了书本的精彩内容，受到读者的欢迎。宋嘉祐八年（1063年）刊刻的《列女传》，是最早的多幅故事插图，至此连环画的形式已大致成型。

清末，石印技术的发展使图画的印刷更为方便，连环画这一形式也得到了更大的推广。到了民国时期，连环画开始迅速地发展起来。此前，连环画已经有了一定的规模和影响，但称呼上还不统一。

南方称为"公仔书"、"菩萨书"等，北方多称为"小人书"。

1925 年到 1929 年，上海世界书局先后出版了《西游记》、《水浒传》、《三国演义》、《岳飞传》、《封神演义》的连环画，题名上有"连环图画"的标示。这是

在过去，这些内容精彩的连环画，是孩子们梦中都想拥有的"宝贝"。

第一次用"连环图画"作为正式名称，这一名称一直沿用了 20 多年，解放之后才改称为"连环画"。

在 20 世纪 70 年代以前出生的孩子，对连环画大都怀有一种特殊的感情。与连环画的情感纠葛，几乎每个人都可以说出一箩筐。

那时候，连环画是孩子们最喜欢的精神食粮。他们与连环画朝夕相处，形影不离。只要一有空闲，他们就会变戏法似的从书包里、衣兜里或枕头底下，摸出一本连环画如饥似渴地捧读起来。

一双双稚嫩的目光，追随者一本本连环画里栩栩如生的画面，像《地道战》、《小兵张嘎》、《铁道游击队》、《马兰花》、《孙悟空三打白骨精》等等，仿佛穿越了时空，与古往今来的人物对话，或掬一捧心酸的泪水，或兴高采烈击节慨叹，沉迷其中，忘形物外。

《闪闪的红星》中的潘冬子，几乎被每一个从那个年代生长起来的孩子所铭记。

自己家的连环画毕竟有限，为了能够看到更多的连环画，孩子们之间约定好相互交换传阅。还有一个办法，就是花两分钱，到街市的连环画摊上租一本，美美地看上半天。在许多孩子的眼里，街市上的连环画摊，是世界上最美丽、最诱人的风景。

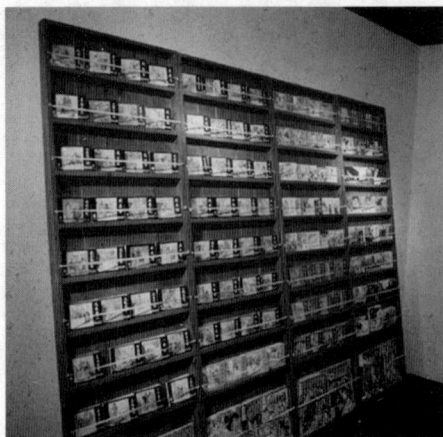

这样的连环画摊，曾经像奇异的"魔宫"一样吸引着孩子们的眼球。

在那个物质极其匮乏的年代，一本连环画也要定价一二角，大人们一般不会为孩子购买。为了买到一本梦想中的连环画，他们偷偷地攒牙膏皮、酒瓶子、塑料纸等，卖给收破烂的老人；他们甚至把家里自行车的铃铛、老衣箱上的铜锁也偷偷拆下来换钱。

一家小小的新华书店，是当时孩子们唯一向往和常去的地方。即使兜里一分钱也没有，他们也不惜步行几公里路，去书店细细浏览柜台里一本本连环画精美的封面；在心里默默地记下书名，然后，才恋恋不舍地离开。

连环画对孩子们的成长起到了不可低估的作用，它们使那些稚嫩的目光，学会了最初的明辨是非美丑和忠奸善恶。

自20世纪90年代以后，连环画逐渐退出了历史舞台。然而，它们却为无数个从那个时代走过来的孩子，留下了一段段永远抹不掉的美好的记忆。

毛　猴

　　毛猴，是北京一种特有的民间儿童玩具。因其浑身披毛，形态又很像猴子，所以被称之为"毛猴"。

　　那么，毛猴是用什么材料制成的呢？

　　原来，制作毛猴的材料全都是中药。它的四肢和头，是采用蝉蜕的四肢与头做成的；它的身体则是用辛夷（玉兰花的花骨朵）

蝉蜕，是用来制作毛猴的材料之一。

做成的。这带绒毛的花骨朵，与毛猴的身躯极为相似，真是妙极了。毛猴有时候会戴斗笠，这斗笠是用中药材木通做成的。最初，毛猴艺人使用的黏合剂也是一味中药，叫白芨。后来发展了，改成木匠做活时用的鳔胶。再后来，鳔胶也很少用了，大都采用乳胶。

卖冰镇酸梅汤的毛猴，看上去十分滑稽可爱。

　　由此可见，这毛猴的首创者，一定与中药行业有着千丝万缕的瓜葛。关于毛猴的来历，在老北京有这样一个传说：

　　相传在清朝同治年间，在北京宣武门骡马市大街，有一家名叫"南庆仁堂"的药铺。店中卖药的小伙

三个毛猴抬着一个大铜钱，寓意着财到福到。

计，经常受掌柜的欺负，但因为身份低微不敢明里反抗。

后来，有一个小学徒趁掌柜的没注意，没事的时候抓了好几种药材来玩。他东拼西凑地瞎捣鼓，不知怎么弄出一个猴子样的小玩偶，活灵活现，跟掌柜尖嘴猴腮的样子很神似。

于是，他就把这个小玩偶拿给其他的伙计们看，大家伙儿都觉得挺像的。从此，店里的伙计们经常人手一个，在背地里嘲讽掌柜的。

世上没有不透风的墙，隔了一段日子，这事儿竟让掌柜的知道了。令伙计们颇感意外的是，掌柜的并没有因此而生气，而是从中看到了商机。这家药铺便顺带卖起了毛猴，销量居然还不错。

从此以后，毛猴便成为一种颇受百姓喜爱的玩具。

卖毛猴的摊子一般都小得可怜，但总能吸引不少看光景的。主要是因为这毛猴太好玩了，不仅孩子们爱看，大人也爱看。

过去，那些手艺人出售的毛猴，大都是反映当时社会行业的，如毛猴剃头、毛猴推小车、毛猴掏粪、毛猴卖糖葫芦……

每一只毛猴都做得栩栩如生，样子极为滑稽可爱。说起来，看一眼就能让人开怀大笑的玩具，恐怕非毛猴莫属了。

毛猴价格很便宜，大人们不愿让孩子扫兴，也是为自己买一份心情。在庙会上，一般都会顺手买一只毛猴送给孩子。

刚一拿到毛猴时，孩子们都会如获至宝。然而，待好奇心满足之后，他们往往会发现，原来毛猴并没有噗噗噔儿、糖人儿好玩。因为它吹不出好听的声音，也不能当成嘴里的美食。

除了那些心细的女孩子能够将其保存一段时间之外，大部分孩子玩腻了之后，把最后的好奇心都放在了肢解毛猴上面。

原本脆弱的毛猴，眨眼间就变成了一小堆碎屑。大人们见了之后，也并不过多地去责备孩子。因为廉价的毛猴，原本就是一时兴头上的小玩物。

而今，毛猴已由过去的儿童玩具发展成为独具特色的民间艺术品，

这件卖切糕的毛猴玩具，是否会令很多儿时喜欢毛猴玩具的人又找回了童年时的心境？

被众多的喜爱者收藏。自然，毛猴的价格也是今非昔比。一件普通的小型作品需百元左右，而大型的数千元也很常见。

看着那些从昔日的廉价儿童玩具，跃身成为民间高价艺术品的毛猴，沧桑之感会油然涌上那些过来人的心头的……

噗噗噔儿

不知道是哪一位手艺人创造出了"噗噗噔儿"这种玩具，曾给孩子们带来过数不清的快乐。

噗噗噔儿，是过去北方民间春节庙会或集市上常见的一种儿童应时玩具。此玩具是由玻璃制成的。

不同的地区，对这种儿童玩具的称谓也不大一样。北京地区称"噗噗噔儿"、"倒噎气"、"鼓珰"等；山东一些地方称为"鼓子"；山西一带则称为"琉璃咯嘣儿"等。

噗噗噔儿有锤形的，也有葫芦形的。大的直径30公分左右，小的直径约10公分，其底薄而平，色棕红。儿童吹玩的时候，底部震荡发出清脆的声音。

噗噗噔儿的主要原料是废旧玻璃以及铜屑、铁屑等辅料。在制作的时候，先将废旧玻璃捣碎，放进温度高达1000摄氏度的特制坩埚里融化；制作者用玻璃吹管蘸取溶液，然后边吹边利用自然下垂形成蛋形空管，将蛋形空管的末梢吹成球形，并运用半熔半凝的技术把圆球吹成葫芦形；将葫芦底部在平板上墩压、试吹，最后从吹管上割下就完成了。

这一技术虽然看似简单，但最难掌握的就是其中的火候，往往是差之毫厘，失之千里。

售卖这种玩意的小商小贩，一般肩挑着扁担，担子两头筐子里插着许多细竹棍，所售的噗噗噔儿便倒插其上。

因噗噗噔儿售价便宜，而且还可以发声，孩子们凑在一起吹，既好玩又热闹，所以在当时颇受欢迎。那时候，凡是去逛庙会或赶集的大都要买一个。

噗噗噔儿这种玩具，在我国发明得相

过去，在年集或庙会上经常能够见到卖"噗噗噔儿"玩具的商贩。

当早。在明代文人刘侗、于奕正合著的《帝京景物略》中便有了详细的记载，当时被称为"倒掖气"。由此可见，它的发明应当不晚于明末。

在该书当中，还记载了一首时人吹玩噗噗噔儿的童谣，其中有这样几句："倒掖气，如瓶落阶瓶倒水；匀匀呼吸吹薄纸，吸多呼少瓶脱底。"

这几句童谣大意是：在吹玩"倒掖气"的时候，它发出的声音犹如瓦盆掉在台阶上或小口瓶往外倒水。由于它很不结实，所以吹吸时必须均匀，就像吹一张薄纸似的，一不小心就将底吹脱落了。

这首童谣，对噗噗噔儿的描述很生动。噗噗噔儿很容易碎，因此在吹吸的时候很讲究。用力小了吹不出声，用力过大一不小心就吹破了。

然而，孩子们却怎么也抵挡不住它们的诱惑。当有些孩子缠着大人买时，有些大人被逼不过了，就吓唬说："当心那东西吸到嗓子里，让玻璃碴儿疼死你！"

但不管大人怎么说，每到年节的时候，孩子们大都会有一个属于自己的噗噗噔儿。小伙伴们聚在一起，听谁吹的声音大，看谁更会玩。尽管玩不了几天，他们手中的噗噗噔儿都相继破碎了，但却为每个孩子的心中留下了一抹快乐的记忆。

噗噗噔儿最大的弱点就是容易破碎。不仅给运输和保存带来不便，而且还威胁到儿童的人身安全。因此，过去孩子们在玩耍的时候，常常在吹口上罩上一块纱布，以防止底部破碎时把玻璃碴吸入口中。

如今，随着各种精美玩具的出现，那些显得极为简陋，并具有一定危险性的噗噗噔儿，早已成为一个过时的名词。不仅那些年幼的孩子，就连很多大人也忘记了曾经还有过这样一种玩具。而孩童们手持噗噗噔儿，在大街小巷快乐吹玩的景象，可能永远不会再现了。

纸翻花

纸翻花，又称"变花"、"十八变"、"十八翻"等。过去，它是一种深受儿童喜爱的纸制玩具。

那时候，每当临近春节时，在集市上经常会见到卖纸翻花的商贩。他们大都肩扛一个像卖糖球小贩一样的木耙，上面插满了各种各样、五颜六色的纸翻花。在售卖纸翻花的同时，他们还代售灯笼、风筝等纸扎的小玩具。

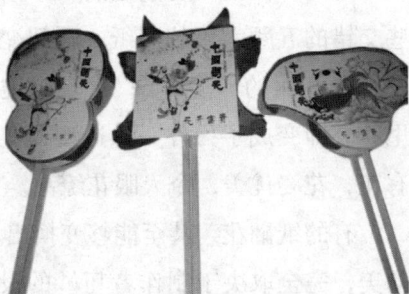

那些变化多端、魅力无穷的艳丽花朵，就藏在这些普普通通的纸壳后面。

隆冬季节，远远地看过去，他们肩扛的木耙，像一个个艳丽的盆景，非常惹眼。大人们忙于置办年货，心里在暗暗地为口袋里的那几个钱精打细算，根本没有心思去顾及那些孩子的玩具。

然而，孩子们的心思跟大人们不一样。他们虽然紧紧地拽着大人的衣襟，可是心神早已被那些花花绿绿的纸翻花勾引去了。他们心里清楚，这个时候大人们是不会轻易满足他们心愿的，只有等到正月，那时候他们才会有自由选择的机会。因此，他们愈加盼望着过年了。

到了正月，是纸翻花等玩具销量最好的一段时间。那些商贩们扛着插满纸翻花的木耙沿街叫卖。如果哪村有社戏上演，更成了纸翻花商贩的聚会之处。

这时候，孩子们会毫不犹豫地拿出自己的压岁钱，花几分钱买一个自己喜爱的纸翻花。此时，大人们一般都不会阻拦。有些女孩子，甚至会把买糖球和黑枣的钱节省下来，一下子买几个喜爱的纸翻花。

纸翻花没有打开的时候，就像一把把形状各异的小扇子。两边有两个硬纸板，纸板上各粘着一根小竹签，并不让人觉得好玩。

可是，待翻动竹签之后，中间那些交错的五颜六色的彩纸，瞬间变成了一个绚丽的"魔球"；再轻轻地一甩，立即变成了另外一种造型，花中有花，花姿优美，令人眼花缭乱。

翻转开来，那些像绣球花一样美丽动人的纸翻花玩具，令孩子们为之着迷。

有的纸翻花，甚至能够变换出30多个不同造型的花样。纸翻花的美，完全取决于制作者巧妙的设计和智慧的构思。据说，一个小小的纸翻花从下料到成型，要经过20多道工序。

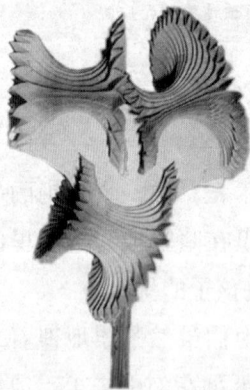

瑰丽多变的纸翻花玩具，总是会在不经意的翻转中带给孩子们一些惊喜。

对那些爱美的女孩子们来说，过年不仅意味着穿漂亮好看的衣裳，还可以与小姐妹们比试手中纸翻花的美丽。随后，几个小小的纸翻花，会丰富她们一年的生活。她们在玩赏那些神奇花朵的同时，也在心灵深处构思着自己梦想的花朵。

然而，不知从何时起，这种以独创美为己任的儿童玩具，却悄然从人们的视线中远离了。对现在的孩子们来说，这算不算是一种遗憾呢？

第三辑 岁令时节的淳朴风景

面 灯

面灯，又称"面盏"，是用面粉
做成的各种式样的灯盏。点面灯的习
俗，多流行于我国北方地区。民间传
说，元宵节的灯光是吉祥之光，能够
辟邪祛病。于是，正月十五蒸面灯、
点面灯的习俗就流传了下来。

做面灯可不是一件简单的事情。
在和面之前，先要用开水烫面，而且
和出来的面一定要有硬度。否则，做
出来的面灯很快就会瘫软掉。等面和
好了，感觉硬度也够了，就可以做面灯了。

我国北方地区在元宵节之夜，
点燃的地瓜面生肖鼠灯。

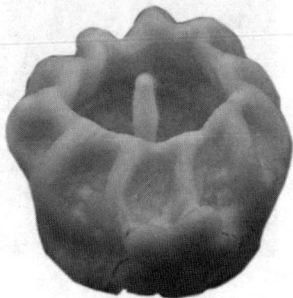

正月十五这天，是家庭主妇显手艺的一天，大家都在暗暗地较
劲，看谁家妇女的手艺最巧，灯做得最精致。

因此，她们捏出来的灯，各式各样，精巧可爱。譬如有鸡灯、
龙灯、猪灯、鸭子灯、蝎子灯、老鼠喝油灯等等。

除了各种动物灯之外，还有月
灯。月灯就是在碗盏形的面灯上捏
角，两个角是二月灯，三个角是三月
灯，依次一直捏到六月灯。因为农人
最关心的是前半年的雨水量，尤其是
春雨量，所以月灯一般捏到二至六
月，据说月灯一出锅，哪个面灯里面
有蒸水或蒸水多，就预示着哪个月的

农家妇女用豆面捏制而成的月灯。

雨水多。这是多么淳朴而富有想象力的期望啊！

做完面灯之后，大人们还要用大白菜根、萝卜、红薯之类的植物根茎做一些灯。这些灯，一般都是送到祖上坟茔以及十字路口上的。

到了傍晚时分，家家户户开始忙着送灯了。送灯的顺序是先送天地神和灶神；接着送到仓房、牲口圈、井台等处；然后再送到大路旁、大路口。这些地方都送过后，由每家的长子用篮子挎着面灯，到祖坟上去给祖先送灯。

在元宵节之夜点燃，然后送到祖坟以及十字路口上的萝卜灯。

送完灯之后，大人们还要端着面灯，给孩子们照一照耳朵。据说，被面灯照过的耳朵，一年都不会生耳垢。对孩子们来说，这些仪式除了神秘和繁琐之外，并不感兴趣。

他们感兴趣的，是那一盏盏光亮闪闪的面灯。因为它们是孩子们有趣的玩具，也是期待已久的美食。

孩子们一只手端着面灯，一只手捂着，生怕被风吹灭。他们小心翼翼地捧着，走东家串西家。在清冷的月辉下，远远地看去，那些面灯真像一片片流动的小星星。

农家妇女用豆面捏制而成的十二生肖猴灯。

面灯里的豆油燃尽后，大人们也不再舍得往里面添油了。在那个年月，油真得很珍贵。已经被烤得焦黄的面灯，正在散发着香气和温热。这个时候，孩子们差不多也饿了，他们依依不舍地拔掉灯芯，美美地将面灯吃掉。

哦，既好吃又好玩的面灯，只有等到来年的正月十五再相会了！

点燃一盏面灯，照亮元宵节之夜，寓意人丁、家业俱兴旺。

发禄袋

发禄袋，又称"利市袋"，是我国江南民间用于结婚礼仪、造房砌屋的一种传统吉祥物。它属于江南水乡特有的手工绣品。

南宋文人吴自牧在其撰写的《梦粱录》里面，称它为"百事吉"，可见江南民间悬挂发禄袋的习俗已有近千年的历史。

最早的发禄袋，都是悬挂在中堂的大梁上，造房砌屋时，将它绑在中梁的正中间（一挂上去就不再取下来）。后来，发展到结婚、添丁都会悬挂发禄袋。只是悬挂的位置有所改变，一般都悬挂在大门之上。悬挂发禄袋，必须要由一家之主亲自动手，以示恭敬。

发禄袋的造型多样，有元宝形、鸡

鲇鱼形的结构，与莲花、桃子、佛手等吉祥图案搭配，寓意"连年有余"。这是江南地区过去经常悬挂的发禄袋。

心形、蝙蝠形、石榴形、蝴蝶形、鸳鸯形等等，组合精妙，内涵非常丰富。

其制作材料，主要以绸布为主，织锦用的比较少，辅料多以棉布为主。它的底色主要以绸布的自然色为主，有粉红、大红和藕色等。

如意形状的发禄袋，象征着吉祥如意。

旧时，江南地区的一些富贵人家，为了延长发禄袋的悬挂寿命，采用铜材打制，颇具创意。

　　为了突出造型的立体感，发禄袋内部都衬有丝绵等，使得刺绣的图案更加饱满生动。几乎所有的发禄袋，都缀有数量不等的各种颜色的流苏，装点得十分华美。发禄袋是人们假藉外物神秘力量，以达到好运来临，招财致富，保佑平安的吉祥物。它不仅融合了人们的欣赏习惯，而且也反映了人们对美好生活的憧憬与追求。

蜡 台

蜡台，是一种与蜡烛搭配使用的照明器具。过去，几乎每家每户都有一对蜡台。尽管大多数时间，它们都默默地待在某一个角落。然而，它们的每一次出面，大都预示着某一个重要仪式的开始。蜡台，犹如一个迎接吉祥的符号。

这是一对泥塑虎蜡台，以前北方农村人家在过年时经常使用这样的蜡台。

常见蜡台的质地，有铜质的、锡质的、铁质的，也有瓷质的、陶质的，真可谓五花八门。但不管蜡台的质地如何，它们的形状基本上大同小异，犹如一支放在桌子上的唢呐，只不过在其中间多了一个圆形的蜡油盘儿。

过去，普通人家常用的还有瓷质的蜡台，主要是因为这些蜡台的价格较为低廉。

因为在过去传统的制蜡工艺中，还没有办法让燃烧的蜡烛不流蜡油。于是，中间的那个蜡油盘儿，便具备了装饰和接蜡油的功能。

当然，也有一些泥塑的蜡台，在外形上颇具乡土的气质。譬如蜡台的外形被塑造成一对威风凛凛，但又不失憨厚之气的老虎或

年节里的许多吉祥习俗沿袭了千百年，蜡台一直是其中的一个重要角色。

狮子；还有的将其塑造成一对手持莲花或怀抱鲤鱼的童子。尤其是经过一番彩绘之后，更加显得生动可爱。

每当过了小年（农历腊月二十三），那些沉寂已久的蜡台们也开始蠢蠢欲动了。人们将自家的蜡台取出来，小心翼翼地擦掉它们身上的灰尘，使其重新绽放出生命的光泽。蜡台，是年节中不可缺失的风景。

除夕这天，蜡台便被人们供在了请回家来与人们同乐的列族列宗们的香案上。蜡台上插着两支红色的大蜡烛，一般蜡烛上都鎏金彩印着吉祥联语，如"四季发财"、"富贵长春"、"鸿福临门"等等。

在过年的鞭炮未响之前，人们便将蜡烛点燃，让长期沉睡地下的逝者之魂，与人们共享这珍贵的光明。

在以前的除夕之夜，很多人家都有"看蜡烛"的习俗。如果蜡油的形状像玉米粒，则预示新的一年玉米将获丰收；若蜡油的形状像黄豆，则预示新的一年黄豆将获丰收。当然，这一习俗并没有科学道理，只不过表达了农家人对新一年庄稼丰收的一种迫切与忐忑心理，并为热闹喜庆的年节仪式增添一个小插曲罢了。

一直到了农历正月十五，那些蜡台才会被人们请下香案。它们似乎满怀着的喜悦，重新回到那些寂静的日子里，等待着下一个年节的来临。

香　炉

香炉，是人们用来焚香的器具。民间常见的香炉大都是陶瓷或金属材质的，款式有大有小，有方有圆，长短不一。

在我国民间，信仰佛教的人很多。而信仰佛教的人家，一般都供有佛像，香炉

乡村土窑烧制的粗陶香炉，是过去年节时家家户户必备的器物。

便成为必备品。香炉，甚至可以被视为佛教文化的一个重要的标志。

香炉，佛教中称它为"宝鼎"。无论是方型香炉还是圆形香炉，都有三足，一足在前，两足在后，世人常以香炉的三足来比喻佛教中的"三宝"，缺一不可。

在佛教"十供养"之中，香居首位，香炉的身份自然也高了起来。但是，在佛教供养仪式上使用的香炉，多了几分庄重与肃穆。而在年节上使用的香炉，虽然供奉的对象并没有太大的变化，但却增添了更多的亲切与喜悦之感。

时至今日，每逢年节时，农村人家仍不忘摆上一个香炉。只不过香炉的形制要随意了许多。除了三足香炉，还有平足

彩绘的粗陶香炉，为年节的供桌增添了许多喜庆的色彩。

香炉或挂式香炉。

年节时焚香，一般是大人的任务，然而，也有很多大人将这项任务交给孩子们去做。在焚香的时候，应该洗干净手，而且三炷香需要保持一个相同的高度。大人们将焚香的任务交给孩子们去做，其实是希望通过焚香，让孩子们从小懂得一些生活的规矩与责任。

当那些满脸稚气的孩子们，模仿着大人的模样，虔诚地焚上三炷香的时候，他们陡然会产生一种莫名的自豪感，感觉自己在瞬间长大了。

作为过去年节供桌上的重要角色，香炉与蜡台总是形影不离。

于是，孩子们先前对香炉怀有的那种敬畏的感觉，在大人们赞许的目光下，变得生动和亲切起来。从此以后，每逢节日上香的时候孩子们都会争抢着去做。然而，孩子们所付出的行动，并没有大人们那种复杂的心境。他们只是想对父母证明自己已经长大。

甚至，他们可以在香炉前与大人们耍一个善意的小花招。以前，在过年的时候，很多地方都流传着"看香"的习俗。这跟过年时"看蜡油"相同。人们根据香燃的高低不同，来预测新一年的年景好坏。当然，现在看来这个习俗没有丝毫的科学依据，只不过为年节增添了一个娱乐的话题罢了。

可是，大人们看香的神态却

农家人对神明的敬畏体现在方方面面，就连门口或过道里都要挂上一个小小的香炉。

很庄重。孩子们在焚香的时候，会故意将中间的那一炷香插得深一点。这样，香燃的结果，中间那炷香就会稍微凹入，形状如元宝。而大人们也将其称为"元宝香"，是平安吉祥的象征。对此，其实大人们都心知肚明，只是不想点破罢了。过年，原本就是为了事事讨个吉利。

从那段时光走过来的人们，或许对香炉的感觉早已不再深刻。但每当香烟袅袅升腾的时候，与之缭绕舞动的，一定会有童年时那些快乐的情景。

饽花榼子

饽花榼子，又称为"面模"或"食印"，是一种制作面食的模具。饽花榼子大都是由手艺精湛的老木匠用木质坚硬的柳木或椴木手工雕刻而成的。

饽花榼子的种类非常丰富，图案精美可爱。大的饽花榼子有

寿桃榼子是在为老人庆寿或制作年节的花馍时，经常使用的一种面食模具。

寿桃、月光、面鱼等。寿桃和月光有巴掌大小，而面鱼小则半尺，大则一尺有余。这类饽花一般不是焙熟的，而是蒸熟的，拿来当馒头食用。在我国民间，每逢过年、婚庆、寿宴等日子，都要做这种花饽饽。

小的饽花榼子，是专供农历七月初七（七夕节）时用的。这类饽花榼子，小巧玲珑，花样繁多。譬如有小鸟、蜘蛛、小鱼、蝙蝠、石榴、小篓、锁子、十二生肖等等，令人爱不释手。

这种饽花，又称"巧饼"。据说，最初的时候，人们制作这种饽花是为了拜月用的。后来，它就成为一种颇为有趣且具有浓厚象征意义的面食，并作为一个古老的习俗流传至今。

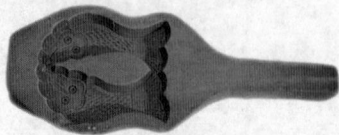

双鱼榼子制作出来的饽花左右衔接对称，非常漂亮。

做饽花时，主妇们先把面揉好，揪下一块，根据饽花榼子的大小，揉成小团，再塞进榼子里面。一把饽花榼子，往往有三四个花样。全部塞满整平之后，手持饽花榼子一端，把另一端往大

联排榼子制作出来的馇花只有成人拇指大小，小巧可爱，深受人们喜爱。

面团上用力一拍，馇花就跳出来了。

焙馇花，要用口径一米的大锅。掌握好火候最关键，太猛，锅里的馇花容易糊；太弱，则费时间。

在焙馇花时，有经验的主妇们大都是自己添火，自己掌铲，需要不停地搅动馇花。馇花摩擦着铁锅，发出沙沙的声音，白白的馇花，慢慢地变成金黄。馇花那诱人的芳香，一阵阵地扑入孩子们的鼻孔里。

在过去，人们的生活还不富裕，麦子面也不能敞开着吃。于是，大人们在七夕节前夕，将焙好的馇花按照数量分给孩子们。当那些盼望已久的孩子们拿到属于自己的那一份时，他们如获至宝。

有些禁不住馋虫诱惑的孩子，会从中挑一个糊痕较重或略有开裂的馇花，忍不住咬一口，金黄的外皮"咔嚓"一声裂开，又脆又嫩，越嚼越甜，越嚼越香。

剩下的那些馇花，他们会小心翼翼地保存起来。或者，挑选一些花样较为漂亮的，与其他的小伙伴们比拼花样，交换着吃。在品种众多的馇花当中，孩子们对小篓和锁子最感兴趣。他们找来红毛线，将其穿起来，然后挂在脖子上。

那些被孩子们挂在胸前的馇花，就

大人们还会将那些小型的馇花用线串起来，挂在房间内作为一种喜庆装饰品。

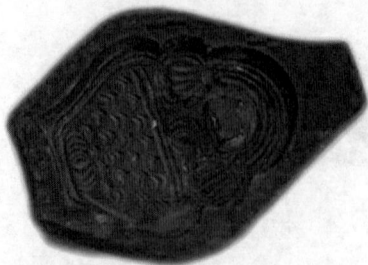

小篓榼子是孩子们最喜欢的，因为用它制作出来的饽花除了吃，还可以穿上线绳挂在脖子上玩耍。

像孩子们的性情一样调皮。每当孩子们在一起嬉戏或跑动的时候，那些饽花就会左摆右晃，可爱极了。

这些心爱的"玩具"，会被孩子们珍藏很长时间。直到干裂得不成样子，或者生出点点霉斑的时候，孩子们才不得不忍痛将它们吃掉。只是这时饽花的香味早已散尽了，只有甘甜的滋味尚存。但对孩子们来说，这已经非常满足了，因为他们已经收获了一段快乐的时光。

饽花榼子，就是一个快乐的制造者。曾经，它们给无数的孩子们带来过快乐，也带来一个又一个天真无邪的梦想。

纸　凿

"小黑人，走一步，挨一锤。"这条在民间流传已久的谜语，曾经难倒了很多好奇心强的孩子。即使放在今天，恐怕很多大人也猜不出来。它的谜底，其实就是纸凿。

纸凿，是过去岁令时节或祭拜祖先仪式中不可缺少的一种器物。

纸凿，是一种在烧纸上打印出铜钱般大小钱印的工具。大多数的纸凿都是用铁制作的，只是制作的形式略有不同罢了。有的纸凿是用铁水直接浇注而成的，其中一端犹如古代钱币的钱范。这样的纸凿，在纸上打印出的钱印也比较规范。

还有一种采用铁管制作而成的，外围是一根直径跟铜钱差不多的圆铁管，内里固定一根跟铜钱方孔大小的方铁管。这种纸凿打印出来的钱印，有时候会因为纸质的低劣而深浅不一。

说白了，纸凿就是一个"印钞机"，只不过打印出来的纸币是专门供冥间使用的。每当到了一些重大传统节日或祭拜祖先时，人们为了表示对仙佛的敬意，以及对祖先的缅怀，总要焚化纸钱。现在从科学的角度来看，焚化纸钱不仅污染环境，还会导致极大的浪费。但是，这一习俗沿袭已久，影响比较大，所以至今这一陋习也没有消除。

过去，几乎每家每户都有一个纸凿，在一年当中，纸凿的绝大部分时间都是空闲着的。然而，它们的每一次出面，几乎都意味着一件较为重大事情的发生。尤其是到了过年或清明节的时候，纸凿

被撞击得伤痕累累的木槌，在默默地替纸凿诉说着曾经经历过的悲欢与离合。

早早地被人们从抽屉里请出来。

这时候，大人们因为有很多其他的事情要忙，便把打纸的任务交给孩子们来做。对于大人们交代的事情，孩子们既感到光荣，又感到责任重大，因此不敢有丝毫马虎。

在打纸的时候，他们先将厚厚的一摞烧纸均匀地分成几小摞。因为他们谨记着大人的叮嘱，如果偷懒，分开的每一摞纸过厚，纸凿就会打不透，自然下面的纸就不具备纸钱的意义。

击打纸凿的工具，一般是采用棒槌，禁止使用铁锤、斧头等铁家什。因为铁家什击打在纸凿上面"叮叮、当当"，容易惊扰先人，不吉利；再一个用力过猛，容易将烧纸凿穿。

打纸的数量也有讲究，可以根据纸张的大小来选择。小的纸张一般横向打上 5 个钱印，纵向 5 排；大的纸张可以横向打 7 个钱印，纵向打 7 排。

打完纸之后，便将打好的纸钱每 3 张一沓叠好，分到供桌前，或在祖先的坟茔前焚烧。

在过去的农村，每到春节或清明节到来之时，几乎家家户户都能听到用棒槌敲击纸凿的声音，此起彼伏。

虽然说这是一个陋习，但在孩子们的心中留下的却是一份美好的记忆。因为是纸凿让他们第一次明白了什么叫责任，也感觉到了用双手证明自己的快乐。

门　笺

门笺，又称"过门笺""门吊""花纸"等。它是春节期间贴在门楣或窗户上的吉祥装饰物。

我国民间春节挂门笺的习俗由来已久。据记载，在唐代时，乡村的大姑娘、小媳妇就开始以五彩纸幡戴于发髻间，抑或系在院中的青竹、红梅枝干上，祈愿春神降福人间。

到了宋代，此风更为盛行。据宋代文人孟元老撰写的《东京梦华录》记载，在立春之日，无论达官贵人还是平民百姓之家，都有在门楣悬挂"幡胜"的习俗，以此庆新春、讨吉利。这里所说的"幡胜"，也就是后来的"门笺"。

火红的门笺，象征着日子红红火火。

这幅农民画所展现的，是过去北方民间手艺人制作门笺时的情景。

门笺，一般都用红棉纸或其他彩纸裁剪而成，呈长方形，长约一尺左右，宽约七寸左右，四周镂有图案，镂空的背饰有万字纹、蝙蝠纹、水波纹、鱼鳞纹、孔钱纹、菱形纹等牵丝组成，千姿百态，异彩纷呈。

在精细的底纹上，四角配有相对独立的花草、虫鱼、鸟兽等，

"连年有余"，是老百姓对美好、富裕生活的一种真切的渴望。

中间一个醒目的吉祥图案或文字。图案非常丰富，都有接福迎祥的寓意，譬如"大鸡图"，寓意大吉大利；"三羊图"，则寓意三阳开泰；"风帆图"，有一帆风顺之意。

文字内容更是丰富多彩，如"欢度春节"、"吉祥如意"、"五谷丰登"、"喜庆新年"等等。

门笺，根据幅面的大小可分为"大门笺"、"屋门笺"和"窗笺"。一套门笺，不管是3幅，还是5幅或7幅，中间的一幅总要大出一点，并且一定是黄色。过去，由于很多人不识字，门笺的张贴便留下了这样一条规矩：头红二绿黄中央（正中），老紫贴在门两旁。

门笺，就像是一个吉祥的符号。因此，在农家人的眼里，他们并没有将门笺固定为门、窗的专利。在过年的时候，他们也会把门笺装饰到很多与农家生活息息相关的物件上面，比如粮囤、箱柜、水缸、井、纺车、织机、大农具、牲口槽上等等。不过，这些地方大抵只贴一张。

当新年的爆竹声响彻云霄，千家万户的门上红彤彤的一片。在门笺的辉映之下，那个笑靥如花的春儿，自遥遥天际再一次翩然飞来……

圣 虫

北方民间曾有这样一句俚语："二十八，把面发。"这就是说，每年到了腊月二十八时，家家户户都开始忙着做过年的花馍。

过去，人们对此比较讲究。在过年之前，就要准备好正月的面食，而且越充足越好。因此，有些人家准备的面食，能够从正月初一吃到农历二月二。据说，在龙抬头这一天能够吃到正月里的面食，一年都会风调雨顺，五谷丰登。

过年的花馍品种不少，但主要可以分为两大类：一类是平常食用的，如面鱼、寿桃、元宝花馍等；另一类花馍是作为供品的，如祭祖的枣馍，供奉天地神灵的光头饽饽。

在众多供品花馍当中，有一种名叫"圣虫"的花馍，令孩子们倍感兴趣。每当主妇们做圣虫的时候，孩子们就会围上来观看，并好奇地询问个不停。

主妇们将一块白面团成团，用剪子剪出口鼻眉眼和满身的刺，眼睛用黑豆粒或者豇豆粒镶成。

有的圣虫身后拖着一条蛇样的大尾巴，嘴里还要放上镍币或红枣，然后下锅蒸熟。凡是看到大人做圣虫的孩子，几乎都不可避免地向大人问一个问题："圣虫是刺猬吗?"

主妇们听了之后，赶紧在一旁嗔怪说："圣虫哪能是刺猬呢? 它们是神虫，可灵验着哩！"

像刺猬一样精灵可爱的圣虫，曾吸引着无数孩子的好奇心。

巧手的妇女将圣虫打扮成火红色，其实表达的是人们对美好生活的一种强烈渴盼。

但是，孩子们看着面板上大人做好的圣虫，千真万确就是一只小刺猬，它有什么特殊呢？当然，非要找出特殊的一点的话，那就是它们身后多了一条蛇尾巴。

尽管有许多疑问，孩子们也只能压在心底。因为还有两天就过年了，大人们为了讨个吉利，是不容许他们胡言乱语的。轻则挨一顿数落，重则屁股上挨一顿"二指拧"。

圣虫蒸熟之后，家中主妇还要趁热用筷子在它们的头部点上一个红印子。有些心灵手巧的主妇还会为它们绘上花花绿绿的图案，十分可爱。

过年的时候，大人们会将那些可爱的圣虫，恭恭敬敬地摆放在祭案上，剩下的放入米缸、面缸、粮囤和衣柜里，以祈求财物增多，使用不尽。

正月里，好奇心强的孩子们经常背着大人，悄悄地揭开米缸盖或衣柜，察看里面的米和衣物是否增多了。结果，总是令他们感到失望。除了那一只只圣虫悠闲地趴在里面显得有点怪异之外，其他并没有什么变化。

元宵节之后，那些圣虫被大人们陆续从各个"岗位"请回饭桌上。孩子们看着那些被大人切成片的圣虫，有点于心不忍。

大人们则在一旁笑着说："吃吧，圣虫的任务已经完成了。"

孩子们当然不知道圣虫到底完成了哪些任务，但却从大人的笑容中找到了一种快乐。

数十年过去了，那些早已为人父母的孩子们在回忆起童年时，是否会恍然明白，圣虫所承载的任务，那不就是长辈们对美好生活的期盼吗？

一年又一年，圣虫把所有的祝福，都留在了他们的心灵里。

第四辑　渐行渐远的沧桑农具

犁

犁，是过去农村重要的农具之一。它的主要作用就是翻耕土地，或耕出槽沟为播种做好准备。

农家人习惯称呼它们为"犁子"，从而可以看出农家人对犁的亲密感情。

每一具犁，都是一部厚重的农家史书。

感情。犁，为农具之首。在过去，一个没有犁的农家，就称不上是一个标准的农家。

大多数的犁，除了犁铧之外，其他构件大部分都是木质的。制作犁所选用的木料，多为槐树、榆树或柳树等硬木，这也符合犁坚硬的本性。犁，不能单独使用。除了驾犁者，还需要牲口或人力来驱动。朴实耐劳的牛，便是犁的最佳搭档。

古代农人以牛拉犁耕地的示意图。

犁铧翻开脚下的黄土，将父辈的汗水与梦想融入其中。

犁，大约出现在商代。早期的犁，形制简陋。到了春秋战国时期，出现铁犁，并开始以牛拉犁耕地。汉代出现了直辕犁，并有双辕和单辕之分，基本上是二牛抬杠式。直辕犁因犁地平直，且效率较高，特别适合在平原地区使用。

到了隋唐时期，犁的构造有了较大改进，出现了曲辕犁。除犁头和扶手外，还多了犁壁、犁箭、犁评等部件。曲辕犁可以随意调节犁耕的深浅，而且圆形的犁壁能够减少前进的阻力，翻覆土块，杜绝杂草生长。

曲辕犁的应用和推广，大大提高了劳动生产率和耕地的质量。从此，在1500多年的农业发展历史上，曲辕犁成为中国耕犁的主流犁型。

现今，随着机械耕作的普及，耕牛在农村日渐稀少，犁这种古老的农具也逐渐退出了历史的舞台。但它在农业生产中曾经起到的作用以及其坚硬不屈的品格，是值得后人永远铭记的。

耧

耧，是过去农村专门用来播种的农具。在现代机械播种未出现之前，耧在我国农村已经兴盛了两千多年。

据史料记载，早在战国时期就已经有了耧这种农具。最初的耧，是独脚耧，一次只能播种一行。后来，随着播种技术的发展，出现了两脚耧。

公元前 1 世纪，汉武帝时期的搜粟都尉赵过，在总结前人播种经验的基础上，独具匠心地发明了三脚耧，从而大大提高了播种效率和质量。

独脚木耧，提高了播种的效率，是古代劳动人民非常重要的一项发明。

耧，是由耧杆、耧斗、耧腿这 3 个主要部件构成的。耧杆较长，是用来套牲口的。在耧杆前面和后面连接耧腿的地方，拴上绳套，就可以工作了。播种是一项要求比较细密的活儿，要求扶耧者和拉耧者相互配合默契。因此，农人在播种时，多选择以人力拉耧。

耧斗位于耧身中央，坐在耧腿上面，呈漏斗状。耧斗背面底部开着一个小孔，

三腿木耧，曾经是北方农村播种小麦的主流工具。

孔上有闸板，可以通过闸板开口的大小来控制种子的下滑速度。

拉耧是一项体力活儿，需要多人协力工作。而扶耧者，则需要由一位经验丰富的庄稼把式担当。在播种之前，扶耧者首先要根据墒情的好坏、农田的肥瘠和种子

到 20 世纪 80 年代前后，这种铁制的三腿耧，还在北方农村广泛地使用。

的类别，判断出下种的数量。然后，调节后耧斗开口的闸板，使种子流出的数量和时间符合播种的要求。

当耧在前行的时候，后面的扶耧者还要有节奏地左右摇摆耧柄，使耧斗内的种子有顺序地通过闸门，经过粒槽，分 3 股通过耧腿，顺着耧铧播入翻开的沟中。

今天，耧距离人们的生活已经越来越远了。不可否认，这是一个社会发展的必然。我们只能在一些偏僻的农家院落，或民俗展馆的一角，去抚摸那些蒙着淡淡浮尘的曾与先民相依为命的物件了。然而，岁月的浮尘却遮掩不住凝结在它们身上的先民的智慧与创造力。

农家人对耧的感情已深入灵魂，这幅剪纸仅仅是无数证据中的一个。

扇　车

扇车，是一种非常古老的扬场工具。它实质上就是一架手动鼓风机，将碾过的稻米、小麦等颗粒里的杂物去除掉，使粮食变得纯净起来。

扇车是用木头制作的，远远看上去就像一头老水牛。4条腿支撑着一个大大的风箱，里面装有轮轴、扇叶板，并连接着外面的曲柄摇把。

静静伫立的扇车，是在回忆时光深处的故事吗？

一个大料斗，贴着风箱的上前方。料斗下口是一个长条儿，宽只有3厘米左右，并设有简单的开关。

农家人在往料斗里添加米糠的混合物时，需要先将料斗下部的

这对操作扇车的农家夫妇塑像，一定会唤起无数人对逝去岁月的追忆。

敞口关闭。然后，由专人摇动外面的曲柄。风扇随之旋转，产生一阵阵巨大的气流。

此时，打开料斗下面的开关，让米糠倾斜而下。风箱的风道是长方体形状的，风口有料斗口几倍大，侧对着瀑布般的米糠混合物。料斗的正下方有一个滑槽，被气流吹干净的米落到滑槽里面，再淌进箩筐

古老的扇车，总会令人联想起日渐衰老的父亲和母亲。

里面。而秕糠、浮尘等杂物则沿着风道随气流一起飘出风口。

早在公元前 2 世纪前后，中国人已经发明了这种人力扬场机。而在西方，直到公元 18 世纪初才有了用于扬场的扇车。

据史料记载，最早的扇车是在我国北方地区发明的，数百年之后才传入南方。然而，不知道什么原因，扇车在传入南方地区之后，却从北方的农村悄然消失了。

现在，在南方一些偏远地区的农村，仍然能够看到扇车的影子。只不过它们存在的意义，更像是人们对那些旧时光的追忆罢了。

辘　轳

辘轳，是一种利用手动绞车原理从井中向上提水的工具。辘轳既是井的标志，又是一个村庄的标志，它总是让人感到亲切。

无论何时何地，人们的生活都离不开水。因此在过去，无论是走进田间地头，还是乡村小镇，总是能看到辘轳的影子。

辘轳是一个村庄的标志，它蕴含着太多的艰辛与传奇。

辘轳有3只脚，坚实地站在井口之上。辘轳头，是一块圆硬木，或槐木或榆木，中间有轴孔，穿在轴上。辘轳头上缠绕着绳索，一段固定在轮轴上，另一端系着水斗。

倒筲的底部呈尖形，这是专门配合辘轳往上汲水的一种工具。

辘轳头上还嵌着一个磨得光溜溜的摇把。只要摇动摇把，整个辘轳头便会带动绳索缠绕或放松，把水斗提上或放下，从而把井里的水提上来。

据众多史料记载，早在公元前1100多年以前，辘轳已经走进人们的生活。到春秋时期，辘轳开始被广泛地运用到农业灌溉上面。之后虽经改进，但大致保持

这一幕情景，距离现在的生活看上去非常遥远，但却又那么得熟悉和亲切。

了原形。由此可见，在 3000 多年以前我们的祖先就设计出了结构较为合理的辘轳。

每一架现存的辘轳，都像是一部沧桑厚重的史书。只要走近它们，轻轻地抚摸它们那嶙峋的筋骨，就会聆听到它们与岁月的温情私语。

耱

耱，是过去农村常见的一种
农具。它是农家人用来掩土保墒，
或平整刚翻耕的田地。耱的构造
很简单，在一根木料上面，绑扎
上一束束荆条或棉槐，宛如一把
大型漆刷。而漆刷的把柄，便是
牵引它向前行进的绳套。

构造简单的耱，是农家播种时
的必备农具，它有着悠久的历史。

对于起伏不平的田地，耱真
就是一把刷子。在耱经过之后，那些因为刚刚播种或翻耕而略显粗
糙的田野，顿时变得平整如镜。在那一排排细腻而又曲折的耱痕的
抚慰下，整个田野和村庄都会变得温情起来。

耱，需要配合牲口或机械一起使用，而且耱身上必须具有一定
的重量才能发挥出作用。

当耱被一条绳索牵拉在牲口的身后，开始行进时，农家人便会
娴熟地跃到耱上面。驾耱者的身体，随着耱前行的速度，有节奏地
左右摇摆着，并将力量运到双足
之上。身后的田地，随之变得平
整起来。

驾耱者的身姿，犹如是在跳
一种原始而粗狂的舞蹈。其实，
田野不就是农家人最为亲切和熟
悉的表演舞台吗？

在农民画上，耱地的营生多了一些欢
快与童趣。

耙

耙，是农家人用来平地碎土、耙土肥、耙草的常用农具。它在我国已有 1500 多年的历史，在北魏贾思勰所著的《齐民要术》里面，就有了耙的记载。

受耕作条件的影响，耙的类型也多有变化，主要分为钉齿耙、圆盘耙、水田星型耙等，但最常用的还是钉齿耙。

沧桑嶙峋的耙，是呵护庄稼生命开始的第一步。

钉齿耙，又有大耙和小耙之分。大耙，是由木板做成的，长约两米左右，需要与耕牛套作。在两边的木架上各装有 10 余把钉齿，中间加装两条踩板，便于操作者站立，或放置重物，从而增加耙齿入土的力量。大耙的工作效率虽然比较高，但却要有耕牛配合使用，因此它没有小耙灵巧和实用。

农家人喜欢称小耙为"耙头"，而且家家户户必不可缺。它是由一根一人高左右的木柄和铁制耙头构成，耙头上打制着一排尖锐的铁齿，可以轻松噬透土地的肌肤。

在使用耙头时，农家人

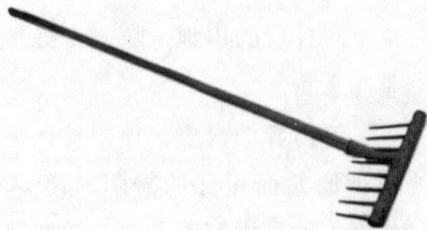

钉齿耙，俗称"耙头"，是农民们在田间劳作最常用的农具之一。

手握木柄的一段，先将耙举起，再往前一甩，耙齿由于甩劲而插入泥土；而后向后拉耙，土地就会变得平整起来。

当锋利的犁铧，深深地翻起脚下的土地。那些湿漉漉的、且散发着原始清香的泥土，像波浪一般此起彼伏，宛如一片广阔的墨海。这个时候，为了给种子提供一个更加优越的生长条件，耙开始走上它表演的舞台。

这是一幅古代农民驾驭牲口耙地的图画。这样的劳动场景，深深地铭刻在许多人的记忆里。

那些被耙触摸过的土地，顿时变得柔和细腻起来。只有那些弯弯曲曲的齿痕，在风中或晚霞里，默默的伸展着……

渐行渐远的沧桑农具

竹　磨

竹磨，是我国南方农村地区以前用来脱稻米壳的一种农具，其原理跟石磨一样。但石磨脱稻米壳容易把稻米碾碎，而竹磨磨出来的稻米，颗粒完整率较高。

农村的竹磨，主要是由磨头（上磨盘）和磨身（下磨盘）构成的。只要把稻米倒在磨头的漏斗中，用力推动磨头，糙米连同稻壳便同时从磨牙缝中漏下来。

如果从艺术的角度来看，每一盘竹磨都是一件制作精细的工艺品。农村的竹磨，大都是由手艺精湛的竹匠制作而成的。制作竹磨的主要材料，是竹子和黄泥。

竹子，要选择皮厚质优的老竹，然后将它们加工成竹篾和竹签。待编制好磨头、磨身以及托盘之后，就要用和好的黄泥来填充磨壳，使其具有坚实的分量。

等到磨壳里的黄泥半干时，开始用先前加工好的竹签为竹磨打磨牙。打磨牙，才是一项真正的技术活，这将关系到竹磨的优劣。因为数百根盘旋的磨牙，需要根据经验安插均匀。高手编制出的竹磨不仅推动时

已经退出农村生活舞台的竹磨，更像是一件做工独特的民间工艺品。

省力，而且能够把稻米壳脱得干干净净。

　　随着农业机械的发展，现代的大小型碾米机早已替代了竹磨。而编制竹磨的手艺，也早已经失传了。

　　那"吱呀、吱呀"以竹磨碾米的歌吟，就连农家人也只能在梦里重温了。

滑　绳

在过去的农家屋檐下，或杂物房的墙旮旯处，常常会挂着或堆放着滑绳。一些顽皮的孩子经常将它们取下来，作为一种怪异的玩具来玩耍。

滑绳，是农家人常见的一种捆扎搬运秸草的工具。它是由滑子和绳索两部分构成的。绳索多为柔韧的麻绳。滑子则以槐木削制而成。槐木坚硬、耐磨、抗摔打，而且不怕雨水浸泡。因此，滑子的气质，是来源于槐树的生命。

采用槐木凿刻的滑子，在外形上犹如远古时期的玉猪龙似的。

滑子的一头，是一个通透的圆孔，用来系绳索的；另一头呈圆锥状，并有一个向下倾斜的滑口，可以勒住绳索并收紧绳套的大小，便于捆扎松散的秸草。

滑子和绳索，是一对亲密无间的情侣。每一个滑子的身体，都被绳索磨得光溜溜的，透着一种岁月深沉的光泽。

农人们用滑绳捆扎秸草，只要用力地一勒，秸草的两端便会疯狂地朝外扩散逃去，但终究摆脱不掉滑绳的束缚。那条深深地嵌入秸草肌肤的麻绳，仿佛勒住一段炊烟袅袅的时光。

与滑子搭档的大都是麻绳，沧桑的滑绳捆扎住的更像是一段淳朴的时光。

撮簸箕

撮簸箕，是农村家庭生活的必备器具。它们大都是采用藤条或去皮的柳条编制而成的，形状颇像古代的"凤字砚"。撮簸箕的最大用途，是用来扬除粮食颗粒中的秕糠和浮尘等杂物。

农家人习惯将使用簸箕称为"簸簸箕"。在这儿，"簸"是一个动词，含有翻动、颠簸之意。仅仅一个"簸"字，便生动地说明了使用撮簸箕的要领。

撮簸箕，是过去农家生活必备的工具之一。

擅长使用撮簸箕的，大都是那些农家主妇。每到农村麦收之时，当金黄的麦粒堆满了场院。那些朴实的农妇们，便会用撮簸箕撮起那些新鲜的麦粒，双手将撮簸箕举过头顶并朝前倾斜；然后吃准风向，将双臂抖动，倾泻而下的麦粒犹如瀑布一般，其中的秕糠和浮尘都被风吹到一边去了，留下一堆纯净的麦粒。这种扬场方式，跟用木锨扬场，在我国北方农村地区盛行了数千年。

在磨面之前，农家主妇总是要把那些待磨的粮食颗粒，重新"簸"一遍。当她们把粮食和撮簸箕拿到院子里时，鸡鸭们便条件反射似的围拢上来。

她们将适量的麦子或稻米倒在撮簸箕上，然后上下颠动手中的簸箕。那些麦粒或米粒，时而翩翩飞起，时而稳稳落下。那些秕糠

几乎每位农机妇女都是簸簸箕的高手，簸箕就像是她们身份的象征。

和浮尘，都在簸箕和粮食的一起一落中被风扬到一边去了。

使用撮簸箕看似容易，实则需要一定的技术。若掌握不好"簸"的要领，不仅粮食里的秕糠和浮尘扬不出去，那些粮食颗粒也会洒落到地上。

农家人对撮簸箕有着很深的感情，农妇们对其更加爱惜。一张撮簸箕，甚至作为传家宝留给下一代用，最少也得用10多年。

那些被岁月和柴火青烟熏染成黑色的老簸箕，好像一位位历经沧桑而又性情宽厚的长者，令人不由得心生敬意。

粪 箕

粪箕，是过去北方农村常用的一种农具，用来捡拾狗粪、牛粪及其他粪便的。它们大都是采用荆条、棉槐或柳条编制而成的。

形状似筐子又似簸箕，但比筐子浅，比簸箕深，中间有一根横梁。或许是因为其作用的特殊性，粪箕的外观要求并不十分讲究，而较注重的是它们的耐用性与实用性。

每当晨曦微露之时，那些勤快的老农，便会早早地穿衣下炕，而后拎着粪箕走出家门。从街巷到村头，再从村头到田野的小径上，都会留下他们踏实的脚印。无论遇到牲畜的粪便，还是路人留下的粪便，都会成为他们惊喜的发现。

当他们拎着沉甸甸的粪箕走回村庄时，脸上笑眯眯的，像刚刚喝下了一碗米酒。他们是在准备着用积攒的养分来喂壮农田里的庄稼，还有心中那个最为淳朴的愿望。

而今，土肥早已不再是农家人的首选，各式各样的化肥充斥着田野。因此，粪箕也悄然结束了它的使命，从人们的视野中陡然消失了。想来，随着粪箕一起消失的，是否还有一种田园自然的气息呢？

外表粗陋的粪箕，曾经是农家人储备庄稼养分的得力助手。

碌碡

碌碡，又叫石磙子，是过去农村常见的一种农具。碌碡大都是用花岗岩雕琢而成的，形状犹如一个横躺在地上的水桶。一端略粗，而另一端略细，这样便于使其绕着一个中心旋转。

常见的碌碡，一般长约1.2米左右，直径从四五十公分到八九十公分的都有，大小并不固定。当然，也有体长1.5米以上的大碌碡。

在碌碡的表面上，有一些鱼卵状粗糙的天然纹痕。也有的碌碡表面上，覆盖着一层浅浅的网状纹痕，这是由人工雕琢出来的。碌碡的两头各凿有一个深坑，这样可以使木制或铁制的轴框牢牢地将其夹住。然后，在轴框上拴上牲口套或绳索，便可以用来轧场了。

在过去的农村，碌碡是打麦场上的主角。在火热的太阳底下，那些被收割的麦子，像一堆堆金屑似的铺满了场院。此刻，在牲口或人力的牵引之下，碌碡开始舞蹈起来。

它们在场院上不知疲倦地、一圈一圈地转动着。沉重的身躯碾轧着饱满的麦穗，发出一种古老而动听的声音。既像是农人在树荫下小憩的鼾声，又像是一位长者在我们的耳畔吟诵

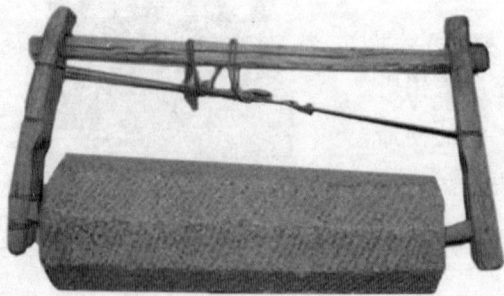

每到农忙时节，在忙碌的场院上，总能听到碌碡快乐的歌声

着一首迷人的童谣。

后来，随着打谷机和联合收割机的广泛使用，碌碡最终退出农业生产的舞台也成为必然。现在，即使在农村，碌碡也几乎成为一个被人遗忘的名词。

它们或被岁月的浮尘埋入土层，或静静地躺在农家偏僻的角落里，仍坦然地迎候着风风雨雨，并无声地讲述着往昔的艰辛与荣耀……

古代农民使唤牲口拉着碌碡打场的情景，仿佛就发生在昨天。

砘 子

砘子是北方农村播种谷子或小麦时，用来镇压保墒的农具。谷子的播种时间是在春天，而小麦的播种时间是在中秋前后。这两个时间段，正是北方少雨的时节。

在耩种时，耧会把松软的土地划上了沟，这样一来地里

与两腿耧配套使用的双轱辘砘子。

的水分很容易蒸发掉。倘若不采用砘子镇压，一两天就会风干，耩下的种子极可能因为干旱而难以发芽。

砘子是和耧配套的农具，因此与双腿耧配套的是双轱辘砘子，而与三腿耧配套的是三轱辘砘子。

砘子的轱辘，都是采用岩石雕凿而成的。石轱辘的直径一般30公分左右，厚度则十几公分。每个石轱辘的中心，都凿有一个5公分左右的眼儿；再由木匠用木头制作一个砘子廓子，用一根直径5公分左右的硬木，一般选用槐木或枣木，从两头楔在两个石轱辘的眼儿里，绝对要牢固，而后每一头再楔一个粗圆钉。

三轱辘的砘子，就是按照配套耧足的间距，在中间再加装一个石轱辘。在石轱辘的两侧，也要分别楔上粗圆钉加固。

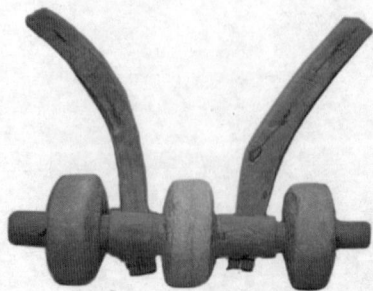

与三腿耧配套使用的三轱辘砘子。

在众多农具当中，砘子就像耧一样，每年属于它们的舞台只有短短几天的时间。只是在农家人的眼里，它们却没有耧一样尊贵的待遇。待到耩种之后，几乎所有的时光，它们都落寞地躺在农家院落的一隅，任由风吹雨淋，并被岁月的浮尘掩盖。

拉砘子不仅需要体力，而且还需要耐力，因而大都是由青壮年来操作。他们就像过去河畔上的纤夫一样，将身子努力向前一弓，砘子的牵绳便在农人的手中顿时绷紧。于是，"吱吱、嘎嘎"的歌吟，开始在农人的身后响起，并留下两道坚实的印痕。

在播种后，农民拉砘子镇压保墒，而拉砘子的营生很多人在童年时都曾经历过。

砘子，犹如诚实这个名词的代言。对于砘子，农人必须付出所有的真诚，决不能因为偷懒而落行。尤其是在那些干旱的日子里，每落下一行，即意味着放弃一季的收成。细细想来，生活的印痕又何尝不是这样一个道理呢？

145

草　耙

中国传统记忆丛书

146

　　柴米油盐，是人们日常生活中不可缺少的物品。过去，对于农家人来说，柴禾显得尤为重要。那时候，农村还很少有使用液化气或天然气的打火灶。人们生火煮饭，主要是靠柴禾。

　　柴禾的来源主要有两个，一个是庄稼的秸草；另一个就是在深秋之后，捡拾野外枯萎的荒草。因此，几乎每家每户的房前屋后，都要堆着一个或几个草垛，像一个个疯长的蘑菇。

　　草耙，便是农家人捡拾柴草的便利工具。草耙的制作非常简单，在一根细长的木柄前面，缚上一个耙头，耙齿是用竹条或铁丝加工

曾经，农村的孩子们对草耙大都怀有一种特殊的情感，有眼泪也有欢笑。

槐条篓子是草耙劳动付出的见证，它俩是一对形影不离的朋友。

而成的。打眼看上去，它就像一个巨型的痒痒挠。用草耙到野外搂草，大都是农家孩子们的任务。

每到放学之后，那些农家的孩子们就会扛着草耙，拐着槐条篓子，到野外去捡拾柴草。有些闲不住的老人，也会加入到孩子们的队伍之中。

他们像一群快乐的斑鸠，弯着腰，在田埂、河畔、路边不停地搂啊搂啊。很快，身旁的篓子便会盛满柴草。在众多农具当中，唯有草耙，为农家的孩子捡拾了太多的快乐。

他们手持草耙站在野外，听深秋的风在原野里纵情地呼号，看鸟雀在天地间起起落落；或者几个小伙伴聚在干涸的沟底，点燃一堆柴草，将那些被人们遗落在田野里的地瓜烤出醉人的甜香……

今天，人们再次回忆起草耙，心中首先浮现的往往不是曾经的贫穷与艰辛，而是对那段童年时光的无限眷恋。

木 叉

148

木叉，是过去农村在打场时用来挑秸草或堆草垛的一种农具。木叉的结构看似简单，但它不像锄或铁耙那样由两部分构成，而是一个整体。因此，它的前身很可能就是一棵小树干，抑或是某棵大树上的一根枝丫。

一把木叉会将农家人的心情挑得沸腾起来，抖落的颗粒顿时变得沉甸甸起来。

农家人为了拥有一把顺手的木叉，往往要费尽眼力，在树林里精挑细选。甚至，不惜精力对一根尚显弱小的枝丫进行悉心地培养，直到它们具有了一张木叉的分量，才将它们从树冠上切割下来。

故而，农家人在使用木叉的时候格外仔细。他们决不容许那些顽皮的孩子，把木叉作为手中的玩物。

每当到了麦收或者秋后黄豆收割的日子，木叉便成为农人手中时刻不离的工具。那些金黄的庄稼，静静地躺在场院上接受着烈日的炙烤。当饱满的麦穗或豆荚欲炸裂的时候，碌碡的碾轧和连枷拍打便开始了。

那些曾经丰满和硬挺的庄稼秸草，经过碾轧和拍打之后，立即变得柔软起来。继而，农人用手中的木叉，一边将那些柔软的秸草挑起，一边抖擞着，庄稼的颗粒便纷纷跌落在地上。那些被农人用

过去，在农家的场院上，从来少不了连枷的身影。

木叉挑离的秸草，再经过一遍碾轧之后，或直接走进农家人的灶膛，或变成一个个草垛。

麦草垛，是过去北方农村最常见的一道风景。它们静静地伫立在街头巷尾或田野里，像一座座异形的碑，无声地讲述着与一张木叉的缘分和一个村庄的历史。

连 枷

150

连枷，又称连颤，是农家人过去为庄稼脱粒的一种简易工具。它的构造比较简单，一个长柄，外加一个拍子。拍子，则是由一组两三尺长平排的木棍、竹条或木条构成的。

拍子与长柄之间呈 90 度角，中间靠一根铁轴牵连。劳作时，农人上下挥动着长柄，拍子便会闪转腾挪地拍打地上晒干的庄稼。

据史料记载，连枷最早并不是农具，而是一种兵器。在先秦时期，中原的士兵就曾采用连枷来守城。因此，当它最终演变成农具时，便拥有了一种机智与乖张的气质。

使用连枷，不仅仅是一项力气活，还需要一种彼此间的默契。这就像一位战士与心爱的武器之间，只有达到心神合一的

连枷，是过去农家人为庄稼脱粒的重要工具。

境界，才能使其成为自己生命中的一部分。否则，根本就使唤不好连枷，拍子与长柄之间会一直别别扭扭地"打架"，甚至被拍子伤到自己。

阳光将晒场上的豆秸烙成了焦黄色，农人们娴熟地挥动着连枷。

这样的黑白镜头，珍藏在许多人的内心深处。连枷的震响，唤起无数人对逝去岁月的追忆。

"劈啪、劈啪"的声音，穿透了一段沧桑的岁月。那些快乐弹射的豆粒，仿佛是在吟唱一首古老的歌谣……

牛套子

犁地，是一项非常繁重的体力劳动。在过去，农家人通常需要借助耕牛来完成这项营生。自古至今，耕牛一直都是农家人最忠实最得力的帮手，因此农家人对耕牛也格外爱惜。

牛套子对于耕牛来说，就像铠甲对于一位长久征战沙场的古代将士一样重要。在田野这块无垠的战场上，牛套子能够保证耕牛在发力时免受伤害。牛套子，大都是采用槐木或榆木等硬木制成的，呈弓形，便于套在耕牛的背脊上。

在犁地或拉耧之前，农人都要小心翼翼地为耕牛套上牛套子。然后，再试一下松紧，摸一摸牛套子的边棱是否顺滑，否则容易使耕牛受伤。因为，憨实的耕牛从来都是任劳任怨，

牛套子，是耕牛们驰骋田间沙场的"铠甲"。

农人扶犁耕地的背影，是农家人勤劳品质的真实写照。

它们不会由于因一时的刺疼而停下步伐。往往还没有等到地犁完，耕牛的脊背上已经渗出血水。此时，那些因为自己一时疏忽而导致耕牛受伤的农人，会心疼得掉下眼泪。

那些早已被耕牛的汗水浸透的牛套子，经过肌肤和

农民画上的耕牛，因为有了牛套子的呵护，在憨厚的体态里面好像有用不完的力气。

力量的无数次摩擦，内里变得十分光洁，像特意用细砂纸打磨过似的。

农忙过后，农家人也总是把牛套子挂在最显眼的地方，譬如屋檐下或山墙的旁边。或许，这是农家人对吃苦耐劳的耕牛所表示出的一种敬意。

牛套子就像是一张弓，而绷紧的绳套是弓弦，耕牛则是弦上的箭。它们把内心的力量，无私地射向田野。循着"箭"的方向，农家人将收获到一个又一个丰硕的季节。

镰　刀

镰刀，是农家人过去必备的农具之一。家家户户一般都备有数把镰刀，用它们来收割庄稼或割草。镰刀是由刀片和木柄两部分构成，刀片呈月牙状，刃子被磨得非常锋利。

据说在远古时期，人类就已经发明了镰刀，并用它们来收割庄稼。只是，当时

镰刀，是过去农家人收割小麦和大豆的主要工具。

的镰刀是用石头做成的，故而称作石镰。由此看来，镰刀虽然结构简单，却是一种历史极为悠久的农具，与农家人有着古老而深厚的感情。

每到麦子和稻米熟透的时节，农家人就会走进田间地头，用手中的镰刀收获又一轮美好的心愿。

在那些农家孩童们的眼里，当大人们默许他们手持镰刀收割庄稼的时候，他们的内心会感到无比自豪。使用镰刀需要一定的技巧，持镰刀的手臂必须平稳；另一只手臂挽住前面的庄稼，将镰刀的刃子下压并向后拽，被挽住的庄稼便齐刷刷地倒下了。若镰刀的刃子上浮，很容易割伤自己的手臂。

农家人常说"看镰刀，知勤懒"，一把刃子生满铁锈的镰刀，的确会违背农家人勤俭朴实的生活本质。

因此，待稻米和麦子收割完毕，镰刀并不能闲下来。人们还要

用它来割青草，喂养牲口和家禽；或者用来割蒿草、蓬柴，以备过冬所需的柴草。镰刀的刃子被磨得锃亮，散发着一种令人敬畏的光泽。

即使在冬天，农人们也会时不时拿起一把镰刀，用粗陋的麻布，慢慢地擦去刀片上的斑斑锈迹。那虔诚的神态，仿佛是在拂去那些冬日的懈怠与寒意。

镰刀就像农家人的身份象征，人们喜欢将它挂在屋檐下，聆听时光的足音。

地瓜刀

地瓜，是过去北方农村的主食之一。每当春节过后，农家人就会用砖块在屋里暖和采光的位置垒一个小池子。然后，在里面覆盖上一层细沙，并将地瓜种在里面。等到地瓜芽长到 20 公分左右的时候，人们便将坡里的土地翻耕起来，并犁上垄，把地瓜苗栽到垄上。

农家人习惯将这时候栽种的地瓜称为"芽瓜"。还有一种，就是等到麦子收割完不久，那时的地瓜蔓子已经长到二尺多长了。人们用剪刀将地瓜蔓子剪下一部分，而后栽到土垄上。这时候栽种的地瓜，人们则习惯称其为"蔓瓜"。

第一场秋霜悄悄降临之后，人们便开始忙着刨地瓜了。地瓜的产量高，人们将收获的地瓜一部分存入窖子里，剩下的则晒成地瓜干。晒地瓜干，是一项繁忙而又有趣的活儿。于是，那些闲置已久的地瓜刀再一次被派上用场。

地瓜刀，也叫地瓜擦床。大多数地瓜刀的结构比较简单，就是在一块平整的木板下半部开一道斜隙，然后镶嵌上一枚锋利的刀刃。使用者一只手撑住地瓜刀，呈斜坡状，另一只手拿住地瓜轻轻滑擦下去，就能切出半指多厚的地瓜片。随后，把切好的地瓜片，放到路边、屋顶或堤坝上晒干储存。

还有一种地瓜刀，结构较为复杂一点，被

地瓜刀，俗称"擦床"。这种平板式的地瓜刀，在过去的北方农村几乎家家户户都有。

设计成木凳状。这样在使用的时候，能够省却一些力气。

在切地瓜干的时候，往往是男女老少一齐上阵。操作地瓜刀的任务一般由妇女来做，老人帮着挑拣地瓜，孩子们则提着盛满地瓜干的竹篮或篓子，将切好的地瓜干晒到一边去。

那时候，人们最担心的就是在地瓜干半干半湿的时候，冷不丁下来一阵秋雨。人们都会疯了似的往外面跑，抢回来的地瓜干被晾在过道里、屋里的地面上，甚至炕头上。

这种立架式的地瓜刀，具有了一点"贵族"的气质，在农村比较少见。

后来，人们为了晒地瓜干方便，在地头竖起了一根根木桩，桩子之间则拴上一道道麻绳。用地瓜刀切好地瓜干之后，再用菜刀从地瓜干中间切开一道口子，就可以挂在麻绳上晾晒了。

秋高气爽，一阵阵凉风吹来，那些雪白的地瓜干渐渐地翘了起来。远远看去，它们就像是挂满渔网的银鱼，散发着一种绵软的甘甜气息……

157

铡　刀

"一棵树两半子，中间夹个铁汉子。"在以前的农村，大人们经常用这个古老而简易的谜语来启发那些刚刚晓事的孩子。

在大人们一步步诱导之下，孩子们大都能够猜出这个谜语。谜底，就是"铡刀"。因为那个时候，铡刀在农村还很常见，几乎每个农家的孩子都见到过。而现在，恐怕很难有孩子会猜出来了。

铡刀就像一个冰冷的硬汉，令农村的孩子们望而却步。

铡刀，是专门给牲畜铡草料的一种农具。它主要有两部分构成，一块中间开槽的长方形或半椭圆形木料，多采用坚硬的榆木制成，一把带有短柄的生铁刀。在生铁刀的前端铸有一孔，以铁轴固定在铡板上，刀刃则隐藏在铡板的凹槽里面。

在切割草料的时候，一个人把草料平铺到铡板上，另一个握住刀柄向下用力，草就齐刷刷地切断了。

夕阳下，一对农家夫妇在铡秸秆，冰冷的铡刀显得温情了许多。

在传统农具当中，铡刀不像锄、镰、耧、犁那样被频繁地使用，但农家人对铡刀却心怀敬意。每当年节来临之时，农家人大都会在铡刀的刀柄上系上一条红绸。由此可见，铡刀在农具中的特殊地位。但在孩子们的眼里，铡刀却始终显得冷森森的，令人望而生畏……

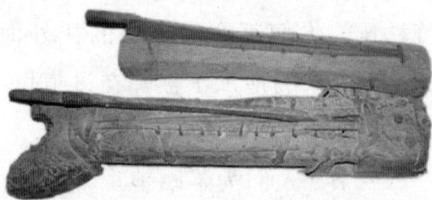

锄

　　锄，是与农家人关系十分密切的一种农具。它由锄头和锄柄两部分组成，锄头为铁质，呈梯形或半圆形。锄的主要作用，是除草、培土和疏松植株之间土壤的。

　　锄既是农具的代表，又是农民身份的象征。因此，北方民间将农民这个职业，戏称为"拉锄头"。

　　与镰刀和犁铧一样，锄也有着非常悠久的历史。在农家人口中，代代流传着一个"神农氏铲草兴锄"的故事：

　　远古时期，神农氏教人们种植庄稼。有一年遭遇洪涝灾害，田野里长满了荒草。人们便起早贪黑地用铲子在田地里铲草，效率很低。后来，人们手中的铲子都被铲弯了，可杂草仍疯长不减。但神农氏却发现弯曲的铲子使用起来不仅省力，而且效率高。于是，他就发明了锄。

　　这个故事显然是经后人杜撰的，因为在神农时期还不会有铁器出现。但这却表明了锄在农家人心目中的地位。

在农村生长起来的人，大都有过锄地的经历，那是一件辛苦而又枯燥的营生。

"小挖锄"就像是锄的浓缩版，菜农们在菜畦里锄草时会经常用到。

农家人总是手不离锄，甚至连最惬意的散步方式，都是肩扛着锄，到田间地头走一趟。因此，锄柄被手掌磨得光溜溜的，散发着古铜色的光泽。

那些刚学做农活的孩子们，首先要过锄地这一道关。锄地虽然是力气活，但也讲究动作与身体的协调。两脚不能站在一条线上，一前一后保持稳定，腰部尽可能弯下，双肢掌握锄的力量与方向。锄头刃下得深了，拉不动锄，下得浅了则达不到锄地的效果。

在锄地的时候，必须注意力集中，否则很容易割伤庄稼的根系。但是，在孩子们当中又有几个不喜欢贪玩呢？因此，这也成为刚学锄地的农家孩子们最容易犯的错误。

在那些老庄稼把式的眼里，庄稼如同他们身体里的一根根神经。每当误伤了一棵庄稼，都会心疼得蹙眉。

然而，那些刚学做农活的孩子们根本不以为然。他们会悄悄地用泥土掩盖住那株庄稼的伤口，然后继续重复着自己的错误。

或许，只有等多年以后，他们想起那些受伤的庄稼，心中才会泛起隐隐的痛楚吧？

镢

镢，农家人喜欢称其为"镢头"或"大镢"，是一种专门用来刨地的工具。在过去漫长的历史岁月中，在一年又一年春华秋实的农事中，农家人与镢头之间结下了异常深厚的感情。

一根木柄，一张铁头，构成了镢头生命的全部。木柄多为结实的槐木制成的，粗细适中。铁头的一部分上有一个圆环，扣在木柄上面，另一部分为锋利的刃子。在铁头与木柄的衔接处，需要用木楔楔住，而木楔也多为槐木削成的。农家人在更换铁头时，往往要请那些经验丰富的老庄稼把式帮忙。否则，楔出的角度稍有差池，新镢头用起来就会很别扭。

在使用镢时，只要站稳脚跟，两手一前一后，将镢头高高举过头顶，而后发力落在土地上就成。此时，锋利的镢刃便会深深地刺入泥土的肌肤里。

勤劳的农家人，心怀着一个个淳朴的心愿，无数遍地重复着这个机械的动作。从日出到日落，从春夏到秋冬，把坚硬的日子刨碎再重新进行组合。锋利的铁头，被磨得越来越小，在阳光下闪耀着

大镢，是农家人用来刨地的工具。在农村长大的人，他们的手掌曾经大都被镢柄磨起过厚厚的茧子。

灼眼的光泽。那些曾经贫瘠而又坚硬的泥土，在农人的脚底下变得愈来愈松软。这种绵远的情怀，一直延伸到农家人那些平淡的日子里。

然而，农家的孩子们对镢头却始终怀有一种畏惧的心理，甚至有一点点的厌恶。因为刨地是一种非常繁重而又枯燥的活儿，干不了多长时间，他们就会双臂酸麻，掌心被木柄磨出血泡。他们只能学着大人的模样，往手掌里啐一口唾沫，让唾沫的柔情滋润一下绷紧的皮肤。

在放下镢头许多年之后，曾经的那些农家孩子们，仍时常会想起那些被镢头与汗水，翻挖和捶砸成的沉甸甸的日子。蓦然之间，他们的内心一定会涌起一种欲拥握镢头的强烈念头。

秧　马

秧马，又称秧船。它是农家人在种植水稻时，用来插秧和拔秧的专用工具。秧马的外形很像一条小船，头尾往上翘着，背面呈瓦形，可以供一人骑坐。其腹部大都是以榆木或枣木制成的，背部则用桐木或楸木。

农人坐在船背上，移动及调整方向都很方便，只要双脚和臀部协调配合就行。在插秧时，用右手将船头上放置的秧苗插入田中，然后用双脚使秧马向后逐渐挪动即可；在拔秧时，则用双手将秧苗拔起，捆绑成扎，放到船后的仓里。使用秧马插秧或拔秧，不仅能够提高劳动效率，而且还大大降低了劳动强度。

秧马大约出现在北宋中期，据史料记载，秧马这种农具能够广泛地推广，还凝聚着北宋大学士苏东坡的一份功劳。

北宋元丰年间，苏东坡曾谪居黄州任团练副使，他深知百姓稼穑之艰辛。在游历武昌农村时，他发现农民在田间劳作，都坐在一种被称为"秧马"的小凳上，方便灵巧，行动自如。于是，他便仔细观察秧马的结构，并画下图形，走到哪儿他就推广到哪儿，令无数的农民从中受益。

自秧马出现之后，历代文献多有记述，如元代王祯的《农书》、明代宋应星的《天工开物》

秧马，是我国南方农民在种植水稻时，使用的一种古老的插秧工具。

等著名的古代典籍里面，都以图文并茂的形式予以介绍。

　　每到插秧的时节，农家人就会挽着秧马走进无垠的稻田里。无论男人还是女人，他们携带秧马的方式都颇为浪漫。他们把一只胳膊伸过秧马腿，挽在臂间，宛如一对情侣携手依偎前行。

　　是啊，在勤劳朴实的农家人眼里，秧马不就是他们一辈子的情人吗？在傍晚收工的时候，他们总要仔细地将秧马身上的泥渍清洗干净。然后，紧贴腰身挽着"爱侣"走回家门。

在明代科学家宋应星撰写的《天工开物》里面，就已经出现了秧马的图文记载。

　　农家人对秧马的珍爱，表现在每一个细节里面。在农闲的时候，他们总会把秧马挂在高高的墙壁或房梁上，决不允许孩子们拿它们当玩具玩，更不允许有人拿它们当凳子坐。

　　只有等到临近插秧时，农家人才把它们请下来。随后，用干净的抹布将其擦了又擦，直到它们一尘不染时才行。

　　秧马，载着农家人的汗水与执著，在无垠的水田上来来回回，且年年岁岁如此。那一道道挤压在背后的印痕，在无声地编织着一首古老的歌谣。

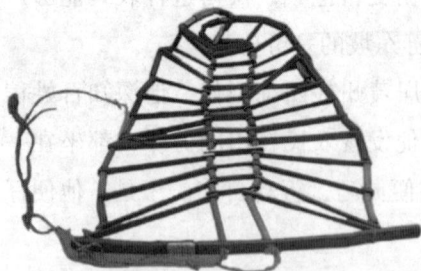

蓑马与秧马，具有相同的历史经历。过去，南方农民在种植水稻时，便利用蓑马运送稻秧。

囤　子

　　囤子，是过去农村用来盛装和存放粮食的器物。它一般是由棉槐、柳条或竹篾等编织而成的，其形状就像一个从半腰截断的漏斗。

　　在农家人的眼里，囤子是一种富裕的象征。因此，民间才会有"大囤满，小囤流"的吉祥俚语。

　　对于那些朴实的囤子，农家人始终对它们怀有一种特殊的情感，甚至是一种源自心灵深处的崇拜。每当新年来临之时，农家人不仅要张贴"粮食满囤"的吉祥春联，而且在我国民间不少地方还曾流行"打囤子"的习俗。

每一个囤子，都装着一个农家人的梦。粮囤满了，生活才会甜美。

　　每年农历二月二龙抬头这天，也有部分地区是在正月二十五这天，都要祭祀仓神，而"打囤子"便是其中一个重要的仪式。

　　天刚蒙蒙亮，农家人便用簸箕端着筛细的草木灰，来到院子里和大门口处，虔诚地撒下一个个草木灰圈子，谓之"打囤子"。

　　那时候家家户户都有土锅灶，人们平常也大都以秸草和柴禾来煮饭。因此，灶膛里有用不完的草木灰。

旧时的粮库，也大都使用囤子来存放粮食。

囷子离不开遮子，这些用席篾编织而成的遮子，曾经不知使多少囷子变得充盈起来。

撒出的草木灰圈子，还有一定的讲究，需要大圈套小圈，少则 3 圈，多则 5 圈。圈子里还要撒上两把五谷杂粮，称之为"填仓"。

那些"囷子"从院落里一直延伸到街巷里，各家各户的"囷子"衔接在一起，从而使整个村子都变得生动起来。

"打囷子"的习俗，真实地反映出了农家人祈祷风调雨顺、五谷丰登的美好心愿。

囷子，经常与遮子一起搭配使用。所谓遮子，就是一种用高粱秸劈成的席篾编织而成的带子。一条遮子足有数米长，而宽却只有二三十公分。

当囷子盛装的粮食即将漫出来时，将遮子均匀地围绕在囷子的内里，并一层层地升高。这样，囷子就能盛装更多的粮食，而不至于外漏。

遮子和囷子，都曾是农家人生活中不可缺少的器物。然而，随着生活方式的变化，囷子和遮子已经逐渐从农家人的身旁消失了。但囷子和遮子所具有的吉祥寓意，却深深地铭刻在农家人的心头上。

石　磨

石磨，是过去农村常见的一种农具，几乎家家户户都有过使用石磨的经历。石磨的作用，就是把稻米、小麦、黄豆、芝麻等粮食加工成粉或浆。

很早以前，人们要吃米粉、麦粉，都是把稻米或麦子放在石臼里面，用粗石棍来捣。用这种方法加工粮食很费力，捣出来的面粉有粗有细，而且一次只能加工很少一点。石磨的发明，使粮食的加工变得容易了许多。

农家人的日子，就像是被这两片磨盘挤压出来的，朴实而芬芳。

石磨的制作颇有讲究，在那两扇圆圆的石头磨盘上，都要凿上一道道斜纹，俗称"磨齿"。下扇石磨中间装有一个短的立轴，用铁制成，上扇中间有一个相应的空套。两扇磨盘相合之后，下扇固定，上扇可以绕轴转动。上扇的磨齿与下扇的磨齿相互间咬合以及相错，从而形成磨膛的微小升降运动。

在石磨的上扇有一个磨

一头罩上"蒙子"的毛驴，在不停地拉动着磨盘，这是农家孩子们平时很喜欢观看的光景。

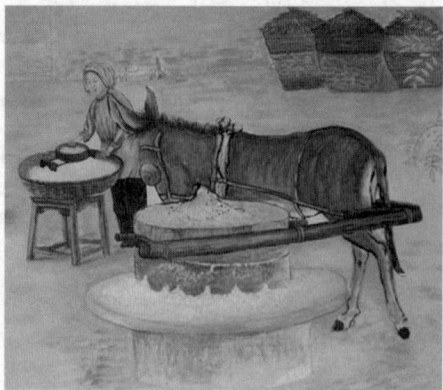

曾经有数不清的母亲犹如画中的那位妇女一样，为生活不知疲倦地操劳着，直到青丝变白发。

眼，磨面的时候，粮食颗粒通过磨眼流入磨膛，均匀地分布在四周，被磨成粉末。然后用面箩筛去麸皮，即为面粉。

农家人的石磨，一般都是代代相传的。这是一种最为古朴，且最为实用的"传家宝"。农家人的石磨也有大有小，大的直径超过 1.2 米，至少需要两个人推磨；一般的石磨直径 80 厘米左右，一个人就能推动；小石磨直径则不足 40 厘米，能放在笸箩里用手摇动。

石磨，已经成为农村里一道远逝的风景。而磨盘旋转时所发出的那种自然与欢愉的歌声，却一直回响在农家人的灵魂深处。

石　碾

石碾，曾经是一个村庄的风景，也是一个村庄生命的碑志。

当"吱——咛、吱——咛……"的歌吟唱响时，整个村庄便跟随着跳跃了起来。那些被石碾碾轧过的日子，顿时变得芬芳起来。

在以前，石碾是农人用来碾压加工粮食的主要工具。石碾是由碾盘、碾砣、

沉重的石碾，安息在乡村的一隅。曾经的那些故事，已渐渐地随风而逝。

碾框子、碾棍等组成。碾盘和碾砣大都是采用花岗岩雕凿而成的，显得厚重而沧桑。而制作碾框子和碾棍的木料，多为槐木或枣木。因为这两种木料的品性朴实无华，结实耐腐，像极了农家人淳朴的气质。即使裂痕纵横，也不会失去坚强的本质。

圆形的碾盘高不及腰，犹如一个巨型的马车轱辘。碾盘中心凿有孔洞，装一竖轴，碾框子将碾砣和竖轴连在一起。远远看上去，就像一件大型的石头玩具。

在推石碾的时候，只要将磨得溜光的碾棍插入碾框子的孔里，使劲往前一推，硕大而沉重的碾砣便会绕着碾盘中心的竖轴滚动起来。随之发出的颤音，渗入脚下的土地，令人感觉仿佛整个世界都随着碾砣的滚动而震颤起来。

推石碾是一件枯燥而又累人的营生。对那些因为好奇而试之的

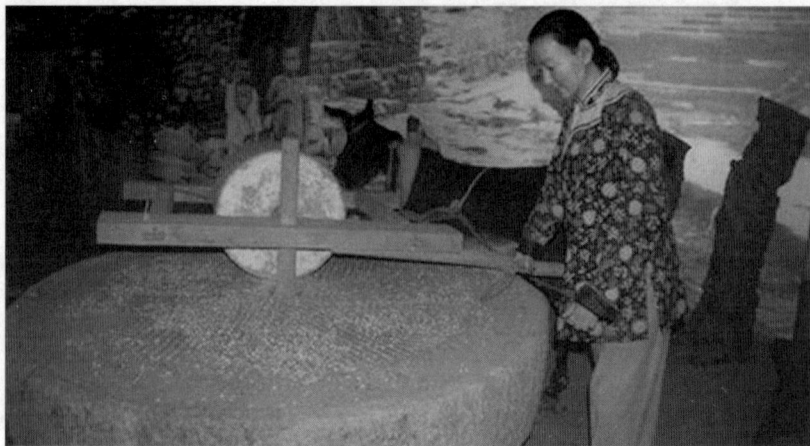

伴随着石碾的歌吟，这样的镜头会在夜深人静之时，悄然走进许多人的心里。

农家孩子来说，往往推不了几圈，便收手放弃了。倘若要像大人那样连续推上半个时辰，那就需要付出莫大的勇气和耐力。

然而，前来推石碾的大都是村里的妇女们。她们推着石碾一圈又一圈地转着，脸上看不到一丝的抱怨，她们的步伐像滚动的碾砣一样坚实。她们直到把内心的愿景碾轧成最美的结果，才肯卸下碾棍。

石碾，注定是一个村庄的明星。即使在它安静的那一刻，石碾的周围往往也聚满了农人。人们或坐或蹲，一边抽烟一边唠嗑。人们的笑语声，就像被石碾碾轧出的地瓜面一样甘甜和朴实。

仿佛只是经历了片刻的宁静，石碾的歌吟就从我们的身边消失了，而且我们只有在梦里才能重新拥吻它们的气息。

远去的石碾，宛若那些早已离我们而去，却经常会在某一个时刻令我们热泪盈眶的沧桑的笑颜……

筛　子

　　筛子，是过去农家常用的一种竹编农具。无论北方还是南方，在农家的屋檐下，或厢房内的墙壁上，经常会见到它们的身影。

　　闲暇的时候，它们静静地凝立在时光深处，任由柴草的氤氲或温情的阳光轻轻地抚摸。于是，筛子的气质变得古朴而端庄起来。

　　编织筛子的材料，篾匠师傅们将楠竹、慈竹和水竹视为首选。因为这几种竹子的竹节厚实，便于劈篾，且劈成的篾条柔韧耐磨。

　　筛子的口径约 60 厘米左右，就像一个大大的脸盆。圆形的边框，约 10 多厘米高，是采用较厚的篾块编织而成的；底面则用薄而细的篾条编织成纵横交错的网状。为了使筛底能够承受一定的重量，筛底下面还要交叉编织上几条一指多宽的篾块，与边框互相连为一体。

middle　　筛子，是传统大米、面粉加工的必备工具。在使用筛子的时候，用双手将其平端起来，而后环形晃动。此时，大点的颗粒留在了筛子里面，较小的颗粒则通过筛子底部的小孔落到下面。

　　筛子还有另外一个重要的作用，就是用来沥水和晾晒粮食。因此，在豆腐坊、酒坊等传统手工制作坊间内，筛子也成为必不可少的器具。

　　在所有的农具当中，农家的孩子们对筛子怀有一种

筛子具有筛选和沥水的功能，是过去农家必备的一种器具。

第四辑

渐行渐远的沧桑农具

171

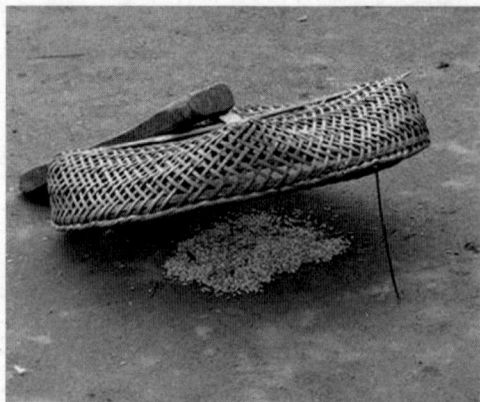
这样的游戏，许多人在童年时都玩过，而筛子则是这个游戏的主要道具。

特殊的感情。筛子，是他们用来捕捉童年欢乐的秘密"武器"。

寻一根小木棍，拴上长长的引线，随后将筛子支在安静的庭院或村头的场院上。当然，筛子的下面一定要撒上一些谷粒、麦粒等作为诱饵。

当这一切都准备停当，那些淘气的孩子们便躲藏到角落里面，耐心地等待着惊喜的降临。此时，总会有几只贪嘴的鸟雀，经不住美食的诱惑，误撞入他们设下的圈套。

那些躲藏在角落里的孩子们，轻轻地一拉引线，瞬间扣下的筛子，罩住了一个个令他们欢呼雀跃的惊喜，也仿佛罩住了一段泛黄的时光。

面　箩

面箩，又称箩筛，是一种用来分离粗细面粉的工具。在很早以前，箩底都是采用绫罗绸缎做成的，故而称为"箩"。后来，面箩的箩底主要采用尼龙网或铜网制作而成。

在没有磨面机之前，人们磨面全靠石磨。磨出来的面粗细不均，且与麸皮混杂在一起，这需要用面箩细细地筛过之后才能食用。因此，过去的农村家庭几乎家家都有面箩。

面箩有粗细之分，粗箩是用来筛粗粮的，如玉米、高粱米和小米等，细箩则是专用来筛麦子粉的。以前的农村，人们生活大都贫

农家人对面箩都很珍惜，总是把它们高高地挂在墙壁的一角。

困，麦子产量又底。一年到头，农家人难得吃上几次白面，多以粗粮为主。因此，农家人最常用的面箩，是粗箩。偶尔使用细箩的时候，往往是左邻右舍之间相互借用一下。

面箩与箩挂是一对最佳搭档，箩挂支撑起了面粉的重量，面箩的运行才会更加轻松自如。

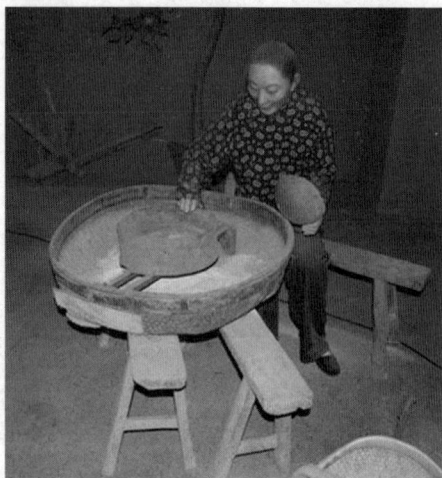

勤俭的农妇，用面箩耐心地分离着面粉，就像在精心打磨一个又一个平凡的日子。

筛箩是一项细致活儿，需要心平气和，手臂要灵巧，且保持住平衡。因此，那些筛箩的高手多为农家主妇们。她们双手端着面箩，左右手臂不停地来回晃动，面粉就会从箩底细密的空隙间掉落下来。

筛箩，需要不停地重复一个姿势。手臂稍微一倾斜，里面的面粉就容易洒到地上。因此筛得时间久了，两只手臂便会吃不消。

于是，就有人设计出了箩挂。那是一种形状有点像双杠似的工具，可以把面箩直接放在上面，来回拖动即可。这样，便为筛箩者节省了许多力气。

说起面箩，总会想起那些肩挑扁担，走街串巷掌箩的外地手艺人。他们挑的扁担很特别，两头往上翘着，一头挑着箩底和工具，另一头挑着箩圈。他们的手艺非常娴熟，根据购买者的需求，他们拿出箩圈和箩底，在手中颠来倒去，眨眼之间一张面箩便成全起来了。

那时候，经常有热情好客的人家，免费为那些掌箩的外乡手艺人提供几顿便饭或留住两宿。当然，饭就是苞米饼子，而菜则是大白菜炖粉条，或土豆块炖豆角啥的。那些手艺人总会感激地为主人家免费掌一张面箩，以表达谢意。

而今，面箩像石磨一样，早已成为一个远逝的名词。然而，曾经那些被面箩筛过的日子，以及洒下的细细碎碎的酸甜苦辣，却久久萦绕在农家人的心头。

手推车

手推车，又称独轮车。手推车的历史非常悠久，据说它的创始者是三国时期的蜀相诸葛亮，它的前身就是木牛流马。

在现代交通运输未普及之前，手推车确实是一种轻便的运载工具。

这是一辆陈旧的手推车，残破的木轱辘表面，包着锈迹斑斑的铁皮，它一定经历了太多的坎坷。

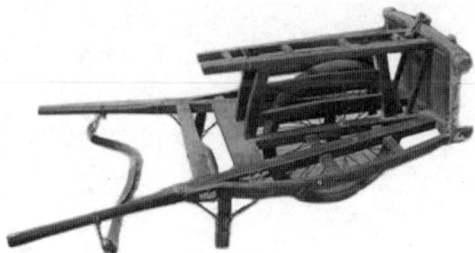

尤其是在农业生产中，手推车是农家人不可缺少的帮手。因此，几乎每家每户都会有一辆手推车。每到庄稼收获的季节，或农人往田间运送土肥时，在那蜿蜒崎岖的田间小路上，到处都能见到手推车独有的风采。

一辆手推车，主要由车身和车轮组成。车身大都是由木质坚韧的材料，如槐木、椴木、樟木、楸木等制作而成。以前的手推车，连车轮都是木制的。后来，随着时代的变迁改用橡胶铁制轮子。

在 20 世纪八九十年代，这种橡胶轱辘的手推车，在北方农村地区仍然被广泛使用。

手推车的轮子有大有小，小轮一般与车盘

手推车，曾经是农村地区运送庄稼和粪肥的主要工具。

持平。大轮则高出车盘，将车盘分成左右两边，并有凸起的拱梁护住车轮，避免车轮与货物之间的相互摩擦。车架分左右，可载物，也可坐人，但必须两边保持平衡。

两车把之间挂有"车绊"，驾车时搭在肩上，能够助力。手推车一般由一个人往前推，而前面是否增加拉车者，要根据路况或车载的重量来决定。在农忙的时候，那些农家的孩子们大都会抢着为推手推车的大人们拉车。

推手推车，不仅要有力气，而且还要掌握一定的技巧。对初次操作手推车的人来说，因其重心不好把握，很容易发生倾覆。车子的载重越大，对臂力和技巧的要求就越高。

然而，这些丝毫掩盖不了手推车的优点。对操作者来说，只要有体力，练习不长时间就能够掌握要领。况且在当时乡间那些狭窄、崎岖的小路上，还有什么比手推车更加灵活、实用的运输工具呢？

而今，手推车早已成为一道远逝的风景，可是那"叽咯、叽咯"的声音，仍时常会走进农家人的梦乡。

条　筐

条筐，是一种与手
推车搭配使用的农具。
在运输东西的时候，一
般将两只条筐一左一右
用绳索固定在手推车拱
梁的两侧。因此，有些
地方也将条筐称为"偏
篓"。

常见的条筐，大都
是用棉槐编织而成的。

条筐总是以"情侣"的形式出现，而且只有与
手推车搭档才能发挥出生命的全部潜能。

一般长一米二三左右，深三四十公分。过去，几乎每家每户都有一
对条筐。它们看上去就像是一对亲密的情侣，总是形影不离。两只
结缘的条筐，注定一辈子携手面对所有的艰辛与磨难。

农家人往田间运送粪肥时，最得力的助手就是
性情粗犷而又坚韧的条筐。

如果把农具里的编
织器具分为"白领"和
"蓝领"两大类，那么条
筐是名副其实的"蓝
领"。

条筐虽然看上去有
些粗糙，可是它们的生
命却深受棉槐坚韧气质
的浸润，每一只条筐都

农闲之时，条筐会悠闲地躺在农家的仓房里，任由时光悠悠而过。

显得古朴而大气。

谷雨时节，春耕开始。

盛满粪肥的条筐，伴随着独轮车，哼唱着一首古老的歌，将坚实的车辙印在松软的泥土上。那些经由条筐运送到庄稼地里的土肥，像一个个有序地排列在田野里的小土丘。

在农村，运送粪肥，是条筐最主要的任务。因而，条筐的筋骨上总是弥漫着一种臭烘烘的气味，但这并不影响两只条筐间的相偎相依。

秋后，玉米、地瓜都熟透了。从田野里往家运送这些庄稼，是条筐的另一项重任。

在这样的季节，每一只条筐都会变得欢悦起来。它们渴望与秋天来一次最为亲密的接触，让庄稼的芳香消融筋骨上的异味。于是，在接下来的一个冬天里，它们的身体都会是干净的，甚至还会散发出棉槐原始的清香。

当条筐闲下来的时候，则意味着一个季节的暂时终结。它们或紧紧依偎着躺在墙角，或彼此深深地凝视着，各自置身于草棚的一角。它们默默地唠着一年的收成，也彼此鼓励来年保重。

当一只条筐逐渐老去的时候，另一只也会紧随其后。一对半道而配的条筐，在老庄稼把式的眼里，就像一对错了姻缘的夫妻一样，总是令人感觉别扭。

因为经历了太多的沉重，与其他的农具相比，条筐的生命短暂了许多。然而，它们并不感到恐惧，而是携手坦然地老去，最终化为灶台里的一捧灰烬。

条筐的一辈子，与人生的大部分遭遇又是多么的相似。

第五辑　梦中留痕的鞋帽服饰

虎头帽

自古以来，人们一直将生育视为头等大事。新娘自怀孕"有喜"开始，娘家人以及自己就要动剪引线，为新生儿准备各种穿戴的用品了，从头到脚、从睡到学步样样齐全。心灵手巧的女性长辈们，将希望与祝愿，全都倾注在一针一线之中。

童帽，尤其重要。因为它是一身之冠首，农家妇女们尽其所能地创造着。虎头帽，便是我国民间儿童服饰中比较典型的一种童帽样式。

虎头帽的产生与流行，与我国民间深受传统虎文化的影响有关。在原始社会，由于生产力水平低下，人类在自然力和自然现象面前常常显得软弱无力，处于十分艰难的状态。

威风凛凛的老虎，在古人看来，可镇万兽，是驱邪避灾、平安吉祥的象征。于是，人们开始把老虎视为整个群体共有的保护神而虔诚地顶礼膜拜，有的人甚至还给老虎画上双翅，使之变成

山东鲁南地区妇女缝制的虎头帽，看上去威风凛凛，栩栩如生。

昔日北方妇女为女孩子设计缝制的虎头帽，虽然虎头的形象比较抽象，但却美观时尚。

威力更加不可一世的"飞虎"，成为一种神兽。

老虎既然有如此神威，自然能够保护儿童免遭邪魔病疫的侵害，使他们健康茁壮地成长。于是，大人们总是喜欢以老虎的造型来打扮孩子，头戴虎头帽，脚穿虎头鞋，就连睡觉也要枕着虎头枕，寓意孩子能够健康成长、强壮勇敢。

虎头帽，在我国民间已经流传了近千年。这一手艺，是通过家庭母女、婆媳之间代代

在年画上面，孩子们头戴虎头帽，显得极为可爱。

相传的。虎头帽的工艺非常复杂，需要经过剪、贴、插、刺绣等数十道工序才能完成。做一顶完整的虎头帽，通常需要五六天的时间。

在制作虎头帽时，首先要选定布料，按照一定的规格、尺寸剪开，然后用丝线缝制起来，即是一顶普通的帽子，一个像小披风的物什。

如果在帽里附上一层布料，就是有里子的虎头帽，这两种虎头帽统称单帽，多在春秋季节戴；如果在表、里之间再絮上一层棉花，就是棉虎头帽。

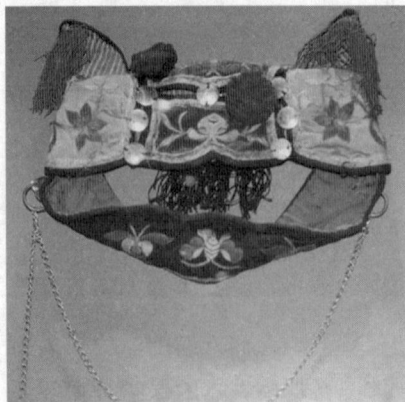

旧时江南妇女为小女孩缝制的虎头帽，艳丽动人。

然后，用五彩丝线绣上虎眉、虎眼、虎鼻、虎口、虎须，眼珠多是用玻璃纽扣或铜制纽扣缝上去的。帽脸靠上两侧，各缝上用硬质衬布做成的两只虎耳朵，耳内粘上白色兔毛，两耳之间用黄线绣上一个"王"字。

帽子的两侧、后面，均可以刺绣上各种艺术表现力和想

象力丰富的图案，可以绣上凌空飞翔的凤凰，也可以绣上争奇斗妍的梅花、荷花，还有生动真实的喜鹊、水鸟等，看上去栩栩如生。

通常，在虎头帽的两边还有两根小带子，像是两把"小扫帚"。这两根小带子是辟邪用的，据说能够把灾难扫走。

过去，北方农村的小男孩在冬天里经常戴这种黑色的虎头棉帽。

有些母亲，还会在孩子们的帽子边上绣上一圈铜质的小铃铛。这样，母亲带孩子下地忙活的时候，就可以安心忙农活了。因为根据铃声，母亲就可以判断出孩子距离她们有多远，有没有危险等。而且，清脆的铃声也为生活平添了不少喜庆的气氛。

一顶普普通通的虎头帽，却把农家妇女的灵巧与耐性展示得淋漓尽致，一针一线都寄托了大人们对孩子的无限爱意。

一针一线密密缝，一针一线细细绣。这种古朴的手工，表达了人们对美好生活的向往和对孩子健康成长的殷切期望，也反映出了天下母亲勤劳、朴实和善良的光辉品行！

第五辑

梦中留痕的鞋帽服饰

虎头鞋

"穿在脚上真可爱，爷爷疼、奶奶爱，小小儿郎长得快。"

这首童谣所说的，就是昔日在农村孩子脚上经常可以见到的虎头鞋。虎头鞋，因为鞋头呈虎头的模样而得此名。

在我国民间，虎头鞋有吉祥如意、福气满天的寓意。在幼童跃跃欲试，想要走路但又离不开大人搀扶的时候，父母给孩子穿一双虎头鞋，利于孩子脚踏实地。

还有两个更重要的原因：一是人们崇拜百兽之王老虎的威风与勇猛，希望小孩长得像老虎一样虎头虎脑，结结实实；二是人们将老虎作为吉祥的象征，民间还有穿虎头鞋祛病驱邪的说法，能够保佑小孩平安吉祥，健康成长。

别小看了一双小小的虎头鞋，它从打袼褙到纳鞋底，从做鞋面到绣花，一针一线都倾注了母辈们的智慧与汗水。

像虎头帽一样，制作一双虎头鞋也要经过许多道工序。首先需要打袼褙，这是做虎头鞋必备的原料。先在平整的木板上铺上一层纸，然后把旧布片用糨糊一层层地粘在上面，用手摁得平平展展的，最后再将这些粘好的布片放在太阳底下晒干，揭下来就成了袼褙。

接下来，根据设计好的式样，剪出"虎头"、"虎身"和"虎腹"三部分纸样，即鞋头、鞋帮、鞋底三部分；然后把它

北方农村妇女为孩子们缝制的虎头棉鞋。

们贴在袼褙上，依样裁剪下来，再在裁剪好的袼褙上粘上面料。面料通常使用生活中常见的绸、缎或棉布，颜色的选择一般根据各地的风俗习惯，有红、黄和蓝等等。面料粘到袼褙上晾干之后，就可以在上面施展才艺了。

有些妇女还为每只虎头鞋缝上一个小铃铛，当孩子们走路的时候，就会发出"叮当"的悦耳之声。

缝制虎头鞋，农家妇女除了要掌握裁剪、缝制、绣花等多种技法之外，还需要有一定的艺术想象力和创造力，这样才能缝制出与众不同的虎头鞋。

那些手艺高超的妇女们，可以将司空见惯的彩线，巧妙地加工成虎须、虎眉或皮毛。而那些花红柳绿的布头，经过她们一双巧手的拼凑和搭配，转眼之间就变成了虎眼、虎嘴和虎耳。

她们还经常使用珠子、扣子、小金属片等物，直接替代虎眼和虎鼻；用兔毛将鞋口、虎耳、虎眼等镶边，红、黄、白间杂，轮廓清晰，兔毛随风飘动，虎头顿时活了起来。

于是，孩子们在行走或玩耍的时候，闪闪发光的珠子或金属片，还有毛茸茸的兔毛，与虎头上鲜艳夺目的"王"字交相辉映，常常引来街坊邻居们的夸赞。

我国民间的很多地方，在小孩过"百岁"（出生百日）时，有外祖母给小外孙缝制虎头鞋的习俗。白天无论多累多忙，那些年长的外祖母们也要坐在昏暗的煤油灯下，一针一线，聚精会神地为小外孙缝制虎头鞋。

还有些地方，则是由姑姑来为小侄子缝制虎头鞋，而且需要做3双不同颜色的虎头鞋。俗话说："头双蓝（取其谐音'拦'，即拦住不夭折），二双

江南地区的妇女为孩子们缝制的带绊虎头鞋。

红（红能辟邪，可以免灾），三双紫落成（意即孩子在自家长大）。"
有了蓝、红、紫3双不同的虎头鞋，孩子们必然会安然无恙。

一双虎头鞋，注满了长辈对晚辈的爱心与祝福，不仅希望孩子们能够苗壮成长，而且希望他们长得虎虎实实，有虎一样内在的气质。

虎头鞋与虎头帽一样，在那些生活艰难的时代，曾为无数人的童年留下了抹不掉的温馨记忆。

金莲鞋

金莲鞋，是一种在中国历史舞台上具有特殊意义的女性鞋履。因为它们是专供过去缠足女子穿的，所以在鞋型上显得小巧玲珑。金莲鞋一般以布鞋为主，鞋面上刺绣着各种吉祥的图案。

金莲鞋的产生，与旧时妇女缠足的陋习有直接的关系。古时，女子以脚小为美，女子到了一定的年龄，就得缠足。所谓缠足，就是用布带把双足紧紧地缠裹，最终使整个脚掌变成尖弯瘦小、状如菱角的锥形。

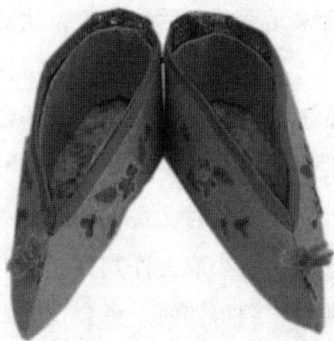

在那些小巧玲珑的金莲背后，掩盖着多少妇女辛酸与痛苦的眼泪。

双足缠好之后，再穿上绸缎或布面的绣花尖形小鞋，即为"三寸金莲"。虽然说缠过的脚统称为"莲"，可是不同大小的脚的称呼也是分等级的，大于四寸的为"铁莲"，四寸的为"银莲"，而只有三寸的才称为"三寸金莲"。旧时，三寸金莲曾被世人认为是妇女最美的小脚。

缠足这种风气，据说是起源于那位吟唱"春花秋月何时了"的南唐后主李煜。他的嫔妃们把脚缠成新月形，而后站在用黄金做成的莲花台上

旧时年轻少女所穿的"二八佳人莲"。

跳舞，李后主认为这是至美。于是，后宫中就开始缠足，后来又流传到民间。

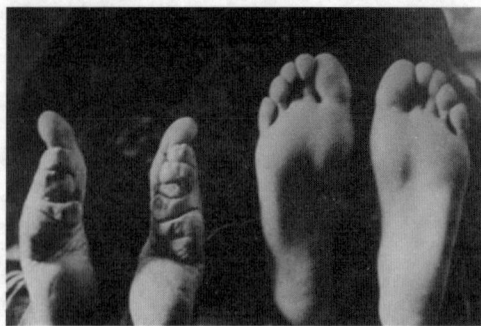

通过三寸金莲与正常脚掌的对比照片，能够深刻感受到旧时妇女所遭受的身心折磨和精神屈辱。

到了北宋神宗熙宁年间，这一风气就广为流传了，并把缠足视为妇女的美德，把不缠足视为耻辱。明朝开国皇帝朱元璋的皇后马娘娘，就是因为有一双天然大脚而受尽嘲笑。

到了清代，妇女缠足可谓到了登峰造极的地步。社会各阶层的女子，不论贫富贵贱，都纷纷裹足。甚至远在西北、西南的一些少数民族也出现了妇女缠足的习俗。

与此同时，女子小脚受到了前所未有的推崇。这一时期，脚的形状、大小成为评判女子美与丑的重要标准。作为一个女人，是否缠足，缠得如何，将会直接影响到她个人的终身大事。

在当时，社会各阶层的人娶妻，都以女子大脚为耻，小脚为荣。"三寸金莲"之说已经深入人心，甚至还有裹至不到三寸的。

提起缠足的往事，对每一位曾经历过缠足的妇女来说，就是一部痛入骨髓的血泪史。女孩子缠足，一般从五六岁就开始了。缠足时，先将脚拇趾以外的四趾屈于足底，再用一条长十尺、宽两寸半至三寸半的蓝布，从四趾，经足背、足跟，再至足背、足跟，一圈圈狠狠地裹缠。等脚型固定后，穿上"尖头鞋"，由人扶着来回行走，以活动血液；夜里将裹脚布用线密密地缝起来，防止松脱。

到了六七岁时，再把脚趾弯曲，用裹脚布捆牢密缝。以后，

旧时，五六岁小女孩初裹脚时穿的金莲。

日复一日地加紧束缚，使脚变形，要缠到"小瘦尖弯香软正"才算大功告成。

有的地区在为小女孩裹脚前，会将羊羔或鸡开膛破肚，然后令女孩将脚伸入其内，浸两脚黏糊糊的血。为了让皮肤锁紧，有人还会在女孩的皮肤之间洒上明矾。

孩子那么小，还处在生长发育期，就要遭受人为的折磨。此项工作，一般是由母亲或者祖母完成，即使见孩子哭，也咬牙去做。因为以前，她们也是这么过来的。既然缠足如此摧残女性的精神与肉体，那么旧时女子缠足为何方兴未艾呢？

旧时，花甲老妪所穿的金莲。

主要是在封建社会，女人没有地位。男人利用缠足来摧残女人的肉体，限制女人的交往。因为，缠足的女人脚下，不便于行走，可以防止"红杏出墙"。由此可见，女人缠足是男人囚禁女人的变态恶毒行为。有首歌谣这样唱道："裹脚呀裹脚，裹了脚，难过活；脚儿裹得小，做事不得了；脚儿裹得尖，走路只喊天，一走一蹩，只把男人做靠身砖。"

189

金莲鞋，是封建社会对女性不尊重、摧残人性的见证物。庆幸的是，这样的时代一去不复返了。

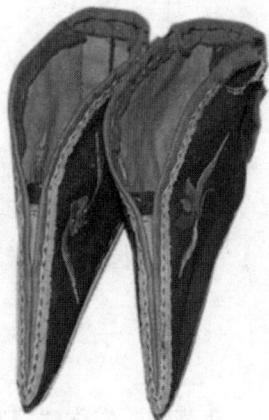

蒲草鞋

190

蒲草鞋，俗称"蒲窝子"，是以蒲草为原料编织而成的冬鞋。过去，这种鞋在我国北方地区很常见。

那个年代，农民生活家境普遍比较贫寒，一般买不起棉鞋，很多人只能穿着蒲草鞋过冬。因此，有些手艺人便抓住这个时机，做起了编织蒲草鞋的营生。当时，不仅集市上有卖的，还有挑担的货郎走街串巷叫卖。

即使一角钱一双的蒲草鞋，大部分农家人也不舍得花钱购买。为了冬天不至于把脚丫子冻坏了，被逼无奈，那些人家的主妇们都开始学着编织蒲草鞋。

编织蒲草鞋，可以就地取材。蒲草多生长在河滩上或水塘里，是一种多年生草本植物。它们春天生长，夏天嫩绿，秋天枯黄，割来捆好，放置起来，冬天就可以用它编织蒲草鞋了。

蒲草鞋的编织方法，跟北方柳条筐子的编法类似，里里外外都透着粗犷的风格，厚厚实实的。因为鞋口没有弹性，所以鞋口多采用椭圆形，刚好在脚面上，没有鞋腰，便于穿脱。

编蒲草鞋需要鞋楦子，就好比铸造用的模具。木制鞋楦最好，但得花钱购买。为了省钱，勤劳的农妇们想出一个替代品，用黄土作为原料，按照家里人脚的大小做成泥楦，然后用火烧一烧就可以用了。因此，有的人家往往会有十多双泥鞋楦，甚至更多。有些图省事的

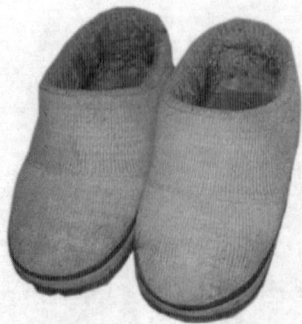

在那些贫困的年月里，廉价的蒲草鞋曾帮助很多人温暖地度过严寒的冬天。

人家，便相互之间借用，只要别耽误冬天时穿就可以了。

还有些手巧的妇女，在编完之后，会给蒲草鞋染上各种颜色，非常好看。因此，当孩子们穿在脚上的时候，无论走到哪儿，都能赢得一片赞叹声。

老人、妇女穿鞋省，一个冬天一双就够了。可是，那些调皮

这些身上写满沧桑的鞋楦，仿佛在诉说着一段与蒲草鞋相伴的往事。

的孩子们就不一样了，一个冬天得穿两三双。为了能够延长蒲草鞋的寿命，妇女们就要给蒲草鞋吊上鞋底。

在秋天的时候，她们会预备一些狗皮、猪皮，有时候还上街买点牛皮的边角料。冬天到了，她们利用这些皮子为编好的蒲草鞋吊上底。这样既好看，又耐穿防滑。有时候皮料不够了，就需要掂量着用。不仅要缝得结实，而且还要尽量缝得美观一点。

有些主妇们干脆找来一双大人们穿烂的大布鞋，将其仔细地缝制在蒲草鞋的底面，使它也有了一个既抗磨又牢固的千层底。接着，再往蒲草鞋里塞进一些干干的麦秸草，便可以放心地让孩子们穿着上学了。虽然那时的冬天十分寒冷，但因为有了蒲草鞋的呵护，孩子们的小脚始终是暖和的。那些任劳任怨的主妇们，总是能够在贫瘠的岁月里，营造出一缕缕温暖。

蒲草鞋虽不现代时尚，但它确确实实陪伴着千千万万的穷人度过了一个又一个漫长的寒冬。

现在的年轻人，有很多根本就不认识这种鞋。想来，会编织蒲草鞋的老人也一定越来越少了。

那些用麻绳掺和芦花编织而成的芦花鞋，曾经与蒲草鞋肩负着相同的使命。

对曾经历过那段艰辛日子的人来说，蒲草鞋会永久地留在他们的记忆里。因为，它们不仅仅是冬天里的一个符号，还饱含着母爱的温度！

斗　篷

对于童年时的衣着，大部分人都已经淡忘了。但有一种服装却令很多人记忆犹新，它就是斗篷。斗篷，又名"莲蓬衣"，是一种披在身外用以防风御寒的服装。

斗篷，是一种比较有个性的服装。它多为立领，领部打襕收小，且没有纽扣。在穿的时候，只要将领部短带系结即可，非常方便。

斗篷，传说是从蓑衣演变而来的，最初是用棕麻编成，以御雨雪，谓之"斗襏"。到了明、清时期，才多用丝织物制作，并不再限于雨雪天使用。当时，它被叫做"大衣"，是一种御寒的服饰，有长式和短式，有高领和低领。凡冬天外出，不论男女官庶，都喜欢披斗篷。但有个规矩，那就是不能穿这种服饰行礼，不然会被视为不敬。

自清代中叶以后，妇女穿斗篷已经很普遍。制作日益精巧，一般都用鲜艳的绸缎制作，上绣花纹，讲究点的还在里面衬以毛皮。

斗篷这种服饰，深受大众的喜爱，并在民间广泛地流传开来。后来，它还与虎头帽、虎头鞋一样，成为我国传统育子文化中一道不可缺失的风景。

一般在婴儿出生不久，孩子们的外祖母便会动手为小外孙缝制一件斗篷。然后，等到孩子过"百岁"（出

媳妇斗篷多为女子待嫁前自己亲手缝制的，以精巧雅致为主，较为注重其实用性。

生百日）时，作为一件重要的礼物送给小外孙，有平安吉祥、蒸蒸日上的寓意。

为孩子们缝制的斗篷，面料一般都比较艳丽，而且体型也比较长。有些孩子甚至到了八九岁的时候，仍可以拿来穿。

在寒冷的天气里，母亲抱孩子走亲访友的时候，可以用斗篷将孩子裹得严严实实的，既温暖又漂亮。在孩子们睡觉的时候，则可以将斗篷盖在他们身上保暖，

儿童斗篷多以艳色为主，象征着吉祥平安，它是长辈送给孩子们最温暖、最真诚的祝福。

具有棉被的作用。因此，能够一物多用，且穿着方便的斗篷，成为过去儿童服饰的一个重要代表。当然，有些刚出嫁的新媳妇，也会做一件漂亮的斗篷放在身边，以备冬天夜间起夜时披用。

孩子们对斗篷大都怀有一种特殊的感情，那大概是因为受到乡野戏班所表演剧目里面人物的影响。那时候，每到年节或农闲之时，在乡村的街头经常会有锣鼓笙箫的演奏响起。

孩子们对那些"咿呀、咿呀"的唱腔并不感兴趣，也听不懂。但通过大人们的指引，他们大概能够猜出台上的人物哪一个是英雄好汉，哪一个是巾帼英豪。

当穆桂英、岳飞、白娘子，以及某一位神态威严的帝王出场时，孩子们就会发现他们身上居然穿着一件斗篷，与平常他们穿过的是如此相似。于是，他们就会指着演员身上的斗篷，兴奋得大喊大叫。

然后，他们会穿上自己的斗篷，模仿戏台上的人物，与小伙伴们表演一些没头没尾的故事，或者一起在大街上疯跑。纵然是在6月天里，孩子们热得大汗淋漓，他们也不舍得摘下身上的斗篷。

童年，往往就是这样，又傻又单纯。

一件件斗篷，拥裹着一段快乐的童年，还有一个温暖的梦。

肚　兜

肚兜，又称"抹胸"，是中国民间的传统贴身服饰，形状像背心的前襟，上面用布带系在脖颈上，下边两边有带子系于腰间。

关于肚兜的来源，据说可以追溯到天地混沌初开之时。女娲和伏羲兄妹二人在漫天洪水以后通婚，生儿育女，并创造了人类最初的服饰——肚兜，目的是用来遮掩人体之羞。

过去，农家的妇女还不知道什么叫

"长命百岁"的吉祥语，再饰以"连年有余"图案，令这件儿童肚兜充满了美好的寓意。

"胸罩"、"束腰"时，绑在胸前保护乳房的东西就是肚兜，俗称"缚肚"。

妇女的肚兜是不轻易曝光的，但是她们所缚的肚兜却特别讲究，大多用紫、红、绛或桃红色的底布，绣上各种精巧细腻的花卉图案。她们都是亲自刺绣、精心裁剪的，把自己的细腰酥胸紧紧地包裹在肚兜之中。

一方绣花肚兜穿在妇女的身上，会使她们平添许多妩媚的风情。

肚兜上的图案非常丰富，有刺绣的，也有印花的。印花的肚兜，多为蓝印花布，图案多为"凤穿牡丹"、"连生贵子"、"麒麟送子"、"连年有余"等吉祥图案。刺绣的肚兜最为常见，刺绣的主题纹样多是中国民间传说或一些民俗讲究。如"鸳鸯戏水"、"喜

"五毒"肚兜，在我国民间被认为有辟邪驱疫，使儿童免受"五毒"侵害的神奇功效。

鹊登梅"、"刘海戏金蟾"，以及莲花、蝴蝶等其他花草鸟虫，大都是趋吉避凶、吉祥幸福的主题。

妇女们缚的肚兜，往往是秘不示众的。而孩子们缚的肚兜，才是一道可以供人们随意观赏的风景。

在炎热的夏天里，那些全身赤裸的娃娃们，在肚子上缚一个绣花的小肚兜，既可以避免腹部受凉，又显得天真烂漫。儿童肚兜上的刺绣题材，以"连生贵子"、"虎吃五毒"等护生、繁衍的主题为主。

五毒肚兜，则是在我国北方许多地区曾流行的一种儿童肚兜。那么，何谓"五毒"呢？

"五毒"，是指蛇、蝎、蜘蛛、壁虎和癞蛤蟆。现在看在，"五毒"的说法显然不完全正确。

"状元及第"图案的儿童肚兜，是长辈对孩子长大后学有所成的美好祝愿。

但是，以前的人没有现代人的知识，认为这几种动物都是带毒的，咬人之后能够使人中毒。特别是小孩子，更容易受到这些动物的侵害。而农历五月又是这些动物活跃的时节，所以在端午节时，民间采用巫术的方法来镇压五毒。为儿童佩戴

绣有五毒图案的肚兜，便是其中最重要的方法之一。

在端午节来临之前，小孩子们，特别是不满一周岁的小孩子，人人都能得到祖母或外祖母制作的五毒肚兜。肚兜所用的布，一般均为大红色，五毒图样一般用白色、黑色或绿色，与其他彩线搭配缝制而成，非常精美。

有的肚兜，孩子们能够穿戴两三个夏天。小孩子长大不能穿了，母亲还会像宝贝一样把它们珍藏起来，有的还会转赠给别人家的孩子。

小小的肚兜，穿戴在女人的身上，那是一抹风情，让人回味悠长；穿戴在儿童的身上，是一种祈盼幸福美好生活的心愿，是一簇永远绽放在心灵深处的花朵！

大襟袄

对于那些曾经历过艰辛岁月的人来说，每当回忆起往昔，就会热泪盈眶。母亲或祖母的音容笑貌，就会伴着无限的伤感与思念，在人们的脑海里浮现。

她们虽然身材清瘦，却还是那么利索干净，一身洗得泛白的蓝色或黑色的大襟袄，唤回了许多人温馨的记忆。

在20世纪六七十年代以前，北方农村妇女冬天的衣着，大都是大襟袄。大襟袄有夹、棉、皮之分，领子呈条状。一般小襟在右，大襟在左，大襟从左向右覆盖小襟，一直伸到右腋下侧部，然后在右腋下系扣。多右衽，也有左衽者。扣子缀于大襟边沿，扣门则在小襟与后襟结合处排列。袖筒从腋部至腕部，渐成梯形状。

在那个年代出生的孩子，大襟袄给他们留下了永远抹不去的记忆。因为，他们正是在大襟袄的呵护之下，才能够健康快乐地成长。或许，在他们每个人的心中都珍藏着许多与大襟袄有关的细节和镜头吧。

初冬的老场院上，正在上演一处皮影戏。寒风刮过空旷的田野，而后扑到老场院的上空。一个虎头虎脑的小男孩，禁不住打了一个冷战。祖母解开大襟袄的前襟，将受寒的孩子紧紧地拥在怀里。于是，小男孩感觉到祖母的体温，将他温暖地围裹起来，使

20世纪六七十年代以前，北方农村老年妇女所穿的大襟袄。

他觉不到一丝寒意。

一场大雪，纷纷扬扬地落下来。雪停了，一群淘气的孩子跑到街头上打雪仗、堆雪人。一时的兴奋，让他们忘记了暂时的寒冷。

然而，玩了不长时间，他们的小脸蛋被冻青了，手脚也冻疼了。他们纷纷扔掉手中的雪球，急急忙忙跑回自己温暖的家中。进了屋，他们甩掉鞋子，爬上热炕。母亲就会掀开大襟袄，让他们把一双冻得通红的小手塞进去，为孩子们捂热。

我国北方农村在春节来临之前，穿着大襟袄的妇女在忙着扎制灯笼。

每到夜晚，母亲就会解开扣子，用宽大的袄襟，把孩子裹进怀里。依偎在母亲的怀里，小家伙不知不觉地睡着了……

20 世纪六七十年代以前，北方农村青年妇女所穿的大襟袄。

这些像黑白电影一样的镜头，对于从那个年月成长起来的人来说，是再熟悉不过了。童年的冬天虽然清苦，但因为有了母亲大襟袄的呵护，每一抹回忆都变得温暖和生动起来。

第六辑 悠悠岁月的相伴物件

风　箱

　　"呱哒、呱哒……"

　　每当那一阵阵略显沉闷，但却颇有节奏的拉风箱的声音响起时，农家屋顶的烟囱便会升腾起一缕缕炊烟。尤其是在夏日的傍晚，拉风箱的声音几乎响彻了每一家农户。那些古老的声音碰撞在一起，而后打着滚儿追随着西边落日的余晖而去。

过去的农村，几乎家家户户都少不了一个这样的风箱。

　　过去，农家人烧火做饭用的柴禾几乎全是庄稼杆，如玉米秸、棉花秆、麦秸等等。农村灶间几乎家家户户都有风箱，紧靠着灶头，风箱的左下侧装有一个出风口，抽拉出来的风，就由这儿进到灶底，才能将灶膛里的火烧得旺旺的。

　　从外观上看，风箱就像一只未上漆的木箱，但里面并不盛放东西。若要说盛放，那就是装着用不完的空气，用不完的风。

　　风箱，主要是由风箱杆儿、风箱把儿和风箱扇儿构成。风箱把儿与两根风箱杆儿连接着，一般都要用硬木制作，像枣木、槐木做得就比较好。这些木料结实、耐磨，不仅使用寿命长，而且越用越光滑。

　　为了不漏气，那风箱扇儿的大小，几乎和风箱的内腔差不多，四周还要用牛筋绳紧紧地箍上一圈鸡毛，那软软的鸡毛既不影响风箱扇的推拉，又能起到密闭的作用。

　　每一次抽拉，小小的盖板便会自由开合，吸入新鲜的空气。后面是"鼻子"，"鼻孔"呼出用过的气体，所以每一次抽拉风箱都会

吐出一股小小的风。"呼呼、呼呼"地鼓动火焰起舞，把柔软或坚硬的柴草燃烧得"哔哔、剥剥"作响。

那时，农家的灶台一般与土炕相连。一拉风箱，无论冬夏，炕上都会是热的。面对孩子们的纠缠，大人会把从地里挖出来的红薯、土豆之类的东西，一股脑儿地塞进火红的灶膛里。

农家的灶间简陋而温馨，这一幕情景在很多人的梦里总会反反复复地出现。

看着风箱推推拉拉，灶膛里冒出一阵阵诱人的香气。孩子们咽着唾沫星子，不等完全烤熟，手就伸了过去。结果，总有些心急的"馋猴"，不小心被烫伤了手指。

灶膛里的草木灰多了，就需要定期清理。这一般是大人的事情，但总有些好奇心强的孩子，因为感觉好玩，便硬要帮忙。最后弄得脸上白一道、黑一道，活像京戏里的大花脸。

每到过年的时候，家家户户都要煎、炸、蒸、焖，哪一样都离不开火。于是，从早到晚都要坐在灶台前，手不停地拉风箱，这真是一件既累人又乏味的事情。

然而，孩子们总是能够从枯燥的劳作中体味到一种单纯的快乐。他们一边唱着歌谣，一边拉着风箱，从锅里散发出的鱼香或肉香，会令他们全身充满了力量。

如今，随着时代的进步，煤气灶、电磁炉、微波炉等煮饭工具早已经走进了大多数的农村家庭，风箱已经逐渐退出了历史舞台。在城市里，它们已经基本绝迹了，只有在农村的一些偏远地区，还能看到它们的影子。

母亲手拉风箱，锅中饼子的芳香溢满了记忆中的每一个角落。

"呱哒、呱哒……"那一阵阵拉风箱的声音，在很多的心里，恐怕也只有在梦里才能重温了。

箸 笼

箸笼，即筷子笼，是专门用来盛放筷子的工具。说到箸笼，有必要先了解一些筷子的历史。

中国是筷子的发源地，以筷子进食少说也有3000多年的历史了。筷子看起来只是非常简单的两根小木棒，但它具有挑、拨、夹、扒等作用，且使用方便，价廉物美。

相传，大禹是中国使用筷子的第一人。大禹治水三过家门而不入，他们都在野外进餐。由于时间紧迫，往往蒸煮的兽肉刚开锅就急欲进食赶路。可是，锅内的肉汤却非常热，令他们一时无法下手。后来，他就折树枝夹肉食之，这就是筷子的雏形。

从有筷子开始，我们的先人就开始研究如何让筷子有一个合体、合位的"家"。渐渐地，箸笼便诞生了。

箸笼的产生，在设计上有一个很长的发展过程。在用料上，不但有帝王贵族用的金、银、象牙、铜制箸笼，也有寻常百姓家用的竹、瓷、陶以及塑料箸笼。其中，泥陶烧制的箸笼，最能满足人们价廉物美和耐用的要求。

过去，农村人家多用泥箸笼，一般是由土窑烧制的。它们造型各异，有半圆筒状的、元宝状的、花篮状的、动物状的等等。

箸笼的底部留有数个小孔，可以解决每次饭后洗箸时残留的水

黑色的泥箸笼，跟农家灶间的氛围非常般配，朴实而亲切。

分。除此之外，还把箸笼的一面设计为平面，以便挂到墙上平稳，且不占地方。

出于对家居环境美化的想法，一些制作箸笼的工匠在制作箸笼的时候，还对其进行艺美化装饰，有图案也有文字，或粗犷或细腻，从而使箸笼具有了艺术的气质。

这些聚集在一起的泥箸笼，好像在讲述着一段古老而沧桑的往事。

譬如在有的箸笼上，设计上"双喜"、"吉祥结"、"麒麟"、"聚宝盆"、"寿字"、"蝙蝠铜钱"等传统吉祥图案；文字装饰则有"百子千孙"、"富贵长春"、"平安幸福"等等字样。

我国自古以农立国，子孙多劳动力就多，人多力量就大，可发家致富。而箸笼是最能表达人口多少信息的聚焦点，故而筷子和箸笼自古就被视为祥瑞之物。哪家箸笼里的筷子多，就说明哪家人丁兴旺。因此，每到春节来临之时，家家户户都要添置新的红漆筷。

在农家的灶间，箸笼所处的位置一般是最高的。它们或高高地居于刀、铲之上，或静静地伫立在门扇背后的墙壁上。筷子一茬又一茬地更新，而箸笼却岿然不动，像一位经历过无数沧桑的长者，神定气闲地注视着人间的烟火。

那些农家的孩子们，几乎是在箸笼的召唤下一点点长大的。饭前摆放筷子，一般都是孩子们的任务。当他们踩着小板凳，费劲地从箸笼里抽取筷子的时候，日子也在一天天地过去。

直到有一天，当他们抽取筷子不再需要脚底下的小板凳时，陡然觉得箸笼好像在微笑着跟他们打招呼："孩子，你们已经长大了。"

而今，那些亲切的泥箸笼，如同那些亲切的时光，已悄悄地从人们的身边走远了。

农家的瓷箸笼，也秉承着朴实无华的品质，与农家的环境完全契合。

泥漏子

泥漏子，又称"饭甑子"，是过去农家常用的器皿之一。泥漏子，属于土陶的一种，有黑色的、砖红色的、土灰色的等，不过农家人都偏爱黑色的。

过去，农家人蒸饭大都使用土灶。柴草燃烧散发出的烟雾，经常肆意地弥漫在狭小的灶房里。于是，不仅灶台被熏染成了黑色，就连墙壁也泛着黧黑的色泽。或许，农家就是为了寻求生活环境的谐调统一，才更加喜欢使用黑色的泥漏子。

泥漏子曾经是农家饭桌上一件必不可缺的器皿，它的模样总会令许多人记忆犹新。

泥漏子的形状像一个圆盆，不过在它的底部有很多圆形的小孔。看上去，它就像一个特大号而略有变形的漏勺。泥漏子底部的那些圆孔，便于热气加热里面的食物，并避免流下的水蒸气浸泡里面的食物。

泥漏子比较脆弱，如果不小心一失手，它就会粉身碎骨。但在农人家中，一个泥漏子往往可以使用几年，甚至数十年。因为人们在使用泥漏子的时候，都会非常仔细。

在饭熟打开锅盖之后，热气沸腾。人们一般要等泥漏子稍微凉下来之后，才将它端上饭桌。这样做的目的，当然也是为了尽量避免将泥漏子打碎。

倘若不小心将泥漏子打碎了，农家人就会心痛不已。哪怕有一

红色的泥漏子，属于泥漏子家族中的一个异类。在农家人的心里，黑色的泥漏子才是最正宗的。

线办法补救，也会请锔匠师傅将裂纹的泥漏子用一排排铁钉锔起来。

一个泥漏子并不值几个钱，但因为使用的时间久了，农家人对其产生了深厚的感情，它们犹如这个家庭中的一员。

在那些家人团聚的日子里，泥漏子默默地聆听着一个家庭的欢乐与哀愁。因此，农家人怎么会舍得随意将它丢弃呢？

箅梁子

箅梁子，与锅碗瓢盆一样，是过去农家灶房必备的用具之一。对于农家的灶台来说，箅梁子则是一个使其更具有层次和韵味的支点。

过去，农家几乎家家都有灶台，上面安放着一口大铁锅。平常烧水做饭，人们都使用大铁锅。于是，为了做饭方便，有人便设计出了箅梁子。如果把大铁锅与箅梁子的关系比喻成妇唱夫随的情侣，那是再也恰当不过了。只有两者配合，才能将朴素的日子蒸出滋味来。

箅梁子，大体为一类似"井"字形的木架，但横向的两根木条不出头，纵向且出头的两木条顶端根据铁锅内径的弯度，对边角略做修正即可。

蒸制或馏制食品时，根据吃饭人口及锅内所添水的多少等需求，选择合适的箅梁子卡在水际线以上，然后把箅子放在箅梁子上，托着蒸制或馏制食品。

这样保证了箅子的安全，不至于箅子安放不稳把食物撒到锅内去，也便于在做饭时，使用规格大小不同的箅子。

每一次蒸熟饭之后，箅梁子就会被冷落到一边。然而，它却丝毫不介意，仍默默地撑起箅子与食物的分

箅梁子，是支撑起农家人饭食的一座桥梁。

过去，每家农户灶间的墙壁上都会挂着一个算梁子。

量，撑起了一个又一个平凡的日子。它们的品行，像极了农家人，绝不会将别人的冷落放在心上。在蒸制包子或馒头的时候，需要由它们来承担所有的重负。即使在烀玉米面饼子的时候，算梁子也不得闲。它们仍被平稳地架在铁锅内，上面放一泥盘咸鱼或虾酱，任由自己的身子骨与铁锅上烀的饼子一起变得焦煳。

人们对待算梁子，不会像对待箸笼和泥漏子那样仔细。或许，当它们一同被放入铁锅里的时候，注定了烈火炙烤和沸水浸泡的命运。然而，它们的身子骨上却写满了坚强。一个算梁子，总是能用好多年。

只是令人伤心的是，总会有那么一些粗心的农妇，在蒸馒头的时候，忘了往铁锅里添水，或是添水的数量过少。当灶膛里的火焰将锅里的水烧干的时候，高温的铁锅内壁也会殃及到算梁子。结果，只能由算梁子来承受痛苦，用燃烧的闷烟来提醒犯错的农妇。

当她们突然意识到自己的失误，并迅即掀开锅盖时，已浑身焦黑并冒着火星子的算梁子，令她们心痛得顿足捶胸。

即使有些算梁子未曾遭此噩运，但也会在一次次的炙烤与浸泡中变得黝黑和衰老起来。看上去，它们就像我们身边那些日渐衰老的长者，令人隐隐地感到心痛。

瓢

瓢，是用葫芦干壳制成的一种舀水或撮取粮食、面粉的工具。过去，几乎家家户户都有一只或数只葫芦瓢。它们或静静地守候在水缸前，或者悄悄地躲在面缸里面。

也许它们是由葫芦做成的原因，在孩子们的眼里，

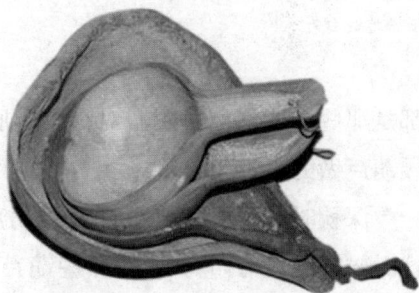

过去，每家每户都会有一个或数个葫芦瓢，用来舀水或挖面粉。

瓢总是被视为一种有趣的玩具。落雨的时候，孩子们就会故意将瓢扣在头顶上，犹如一顶古怪的帽子似的，疯跑着到外面去嬉戏；或者将瓢放在院子里的小水池里，看着它们像小船似的漂来漂去。

当然，孩子们的这些举动若被大人发现之后，总免不了挨一顿数落。因为在大人们的眼里，每一只瓢都需要仔细使用。有些瓢，因为使用时间较久，外壳已经被时光打磨成了栗子皮的色泽。然而，农家人仍不舍得丢弃。即使有些瓢不小心被摔破，手巧的农妇也会找来针锥和针线，将其身上的裂痕细密地缝合起来。

葫芦，谐音"福禄"，再加上多籽，因此便有了多福多子的寓意。在我国民间，种植葫芦非常普遍。葫芦的品行比较泼辣，春天只要在墙根下埋下几粒种子，它们便会风风火火地长起来。它们的藤蔓爬上了墙头，碧绿的叶子能够遮掩住半个院落。有的葫芦则会攀上临近墙根的树木，将白色的花朵一直开到树梢上面。

盛夏之夜，有些孩子便会从墙头上采摘几朵洁白的葫芦花，然

一个瓢使用久了，农家人便与之有了感情。即使碎了，农家人也会用针线将其细密地缝合好。

后跑到街上站定，嘴里不停地喊着："葫芦花，葫芦蛾！……"果然，不一会儿就会有些可爱的小精灵循着花香飞来，最终成为孩子们手中的玩物。

这样神奇的花朵，结出的果实能不有趣吗？

葫芦嫩时，可以食用。成熟之后，既可以悬挂在屋里，作为辟邪的吉祥装饰物，又可以拿来做瓢。做瓢的葫芦，大都是那些体形匀称、左右对称的圆肚葫芦，当然，也有少数是用丫腰葫芦做的。

深秋时节，那些被霜打过的葫芦藤蔓干了，叶子也都枯萎了。这时候，隐藏在叶子下的那些葫芦，就渐渐地开始由绿色变为灰白色。

葫芦成熟之后，肌体会开始变得坚硬。农家人会采摘一些形体中意的老葫芦，先用刀具将表面那层薄薄的白色外皮刮掉。然后，沿着葫芦的平均线锯开，取出里面的瓤子，放在太阳底下晾晒。在晾晒的时候，农家人会在上面盖一层纱布，避免因暴晒过度，使葫芦的外皮出现裂缝。

连续晾晒七八天之后，葫芦的外皮已经开始变得坚硬，并带有金属质地。用手指弹之，铮然作响。这时候，农家人舒心地笑了，因为一只满意的葫芦瓢已经做好了。有的人还会将葫芦瓢涂上油漆。这样的葫芦瓢，不仅看上去鲜艳光亮，而且寿命也会比其他的葫芦瓢长。

今天，瓢这种工具仍在很多家庭里使用。尽管它们的外观并没有太大的变化，但材质早已经变成了花花绿绿的塑料。葫芦做的瓢，已经越来越少了。也许有一天，我们只能在博物馆里才能目睹其真实的容颜了。

笊篱

笊篱，在以前几乎是家家户户必备的器具。它们的形状和用途，跟我们现代使用的漏勺差不多。只不过笊篱一般都是采用柳条、竹篾等材料手工编织而成的。当然，笊篱是早于漏勺出现的，因而将其视为漏勺的祖先也不为过。

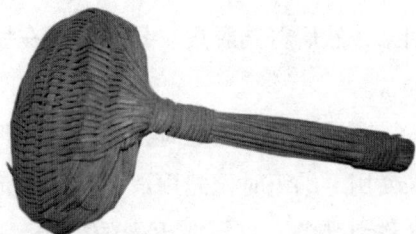

采用柳条刚刚编织而成的笊篱，肌肤光洁而细腻。经过热水和岁月的侵蚀之后，逐渐变得苍老起来。

笊篱的主要用途，是用来过滤、筛选和沥水的。譬如过去磨小麦都要用水淘一遍，若要除去麦粒里的沙尘、麦糠，那就非笊篱莫属了。

这项活儿一般都是由家庭主妇来做，因此她们也是使用笊篱的高手。她们先将待淘洗的麦粒倒入一个盛满水的大盆里，麦糠就会浮到水面上。她们一边将麦糠捞出来，一边不停地搅动着，同时将淘洗干净的麦粒捞出来晾晒。

那些掺杂在麦粒中的小沙粒，也大都沉淀到盆底去了。淘洗过的麦子磨出来的面粉，不仅干净，而且劲道。

在用热水焯菜叶的时

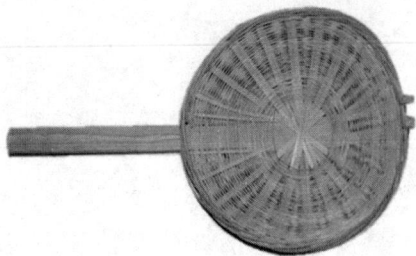

这是用竹篾编织而成的笊篱，它是农家人淘粮食或焯菜的得力助手。

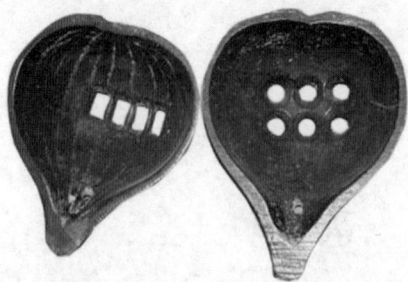

有些人家把瓢凿上洞，也具备了笊篱的功能，但称其为漏勺更合适。

候，人们也离不开笊篱。只要用笊篱下水一打捞，绝对是一网打尽。

笊篱的结构看起来很简单，但要编织一把得心应手的笊篱，也并非是一件容易事。编织笊篱的活儿，一般都是男人来干。夏天的时候，人们会砍一些细柳垂枝回来，然后将其脱皮、扎捆，吊在屋檐下晾干，为以后编织笊篱做准备。

到了秋后农闲之时，男人们便将那些晾晒了几个月的柳条取下来使用。编织时，先用清水把柳条泡软，然后取一小把，适当分开叉作为维条。取一些更细的柳条，一根一根插在中间，当作经线。这样经纬交错，将其逐步编织在一起。在外力的作用下编成一个瓢状，大约到了半圆时就收边，于是乎，一把新笊篱便诞生了。

一把笊篱能使用好几年，边子破了找块旧布，一针一线地缝上一个新边；破了再补，什么时间大架子散了，才舍得扔掉。

一把把普通的笊篱，曾经极大地方便了人们的生活。然后，随着铁笊篱的出现以及各种金属材料漏勺的出现，手工编织的笊篱已渐渐地退出了生活的舞台，并凝固成了一个岁月的符号。

水　缸

20世纪八九十年代，农村的很多地方还没有安装自来水。人们吃水，需要从村头的水井或池塘里往家里挑水。因此，每家每户的灶间都有一个大水缸。它们虽然在形状上各有不同，但大都是用黏土烧制而成的。在狭小的灶间里面，显得有点庞大和笨重。

人们一般喜欢将水缸摆放在灶台旁边，这样在往锅里添水的时候，只要转身用勺子舀来即可。

以前，农村几乎每家每户都有这样一个做工粗糙的大水缸，用来盛饮用水。

缸盖一般都是用木板做成的半圆形的盖子。平时，两个盖子合二为一。在舀水的时候，则只需要掀动其中的一个盖子即可。

这样精美的大水缸在农民家里并不多见，它往往会成为一户人家的门面象征。

水缸有水的时候，大人们是严禁孩子们攀附嬉戏的，这是为了防止发生意外。因为那些大水缸一次可以盛下十多担水，对那些幼小的孩童们来说，它不啻于一个深塘。

当然也有例外，那就是在盛夏或初秋的时候。天长日久，水缸底部积累了很多水垢，并黏附着一些青苔样的污渍。

于是，大人们将水缸里的水用完之后，就会选一个好天，合力将水缸抬到院子里清理。而孩子们因为身材小的缘故，大人们便允许他们站在水缸里面，帮助大人们清除里面的污渍。

大水缸还有一个有趣的现象，令孩子们倍感奇异。当孩子们弯腰深入缸底做清洁工的时候，耳边便会"嗡嗡"作响；在里面说话、唱歌，声音立即会放大很多。

不知道等他们长大了，明白了这是"共鸣"的现象之后，会不会为童年时的幼稚而哑然失笑呢？

有些孩童，还会把从小河里捕捉回来的小虾和小鱼，投入水缸里放养。大人们一般不会阻止，还说小鱼和小虾可以清除水缸里的水藻和小水虫。因为那些小鱼和小虾的存在，水缸在孩子们的眼里变成了一个神奇的世界。

水缸的存在意味着一种责任，勤劳的农家人总是喜欢用水来养护水缸。尤其是过年的时候，家家户户都要把水缸挑满，因为水象征着财源。随后，还要在缸壁上贴上一个红彤彤的"福"字，以求吉祥。

挑水一般是大人的活儿，但是在孩子们稍微长高一点之后，也是需要接受这种锻炼的。挑水，是一件令孩子们非常头痛，但又不得不面对的事情。

挑水用的工具有篁和水扁担。最早时，人们使用木篁，后来改为较为轻便的铁篁。木篁就像一个笨重的大木桶，外面用几道铁箍箍着。因为与水打交道，铁箍很容易生锈，过几年就要更换铁箍。

木篁还有一个严重的缺点，那就是不用时，也需要用水浸泡着，不能让其自然干燥。要是干燥了，篁帮和篁底就会出现裂缝，不能挑水用了。所以每次挑完水后，或者暂时不用了，里面

曾经，人们就是挑着这样笨重的木篁，往返于水缸与水井之间。

中国传统记忆丛书

图说
老物件

都要盛有水。

大人们用的水扁担钩儿长，孩子个子小，就把钩链子折回来，钩儿挂在最上面的一个铁环上。这样，水扁担钩儿的长度，就减少了一半。孩子们就能把水筲挑离地面了。

对孩子们来说，就是挑着空筲走路，他们娇嫩的肩膀都会被压得火辣辣地疼，更不用说是里面盛满水了。因此开始时，孩子们一般只是挑少半筲水。

即使这样，两只水筲在孩子身前身后前仰后合，水花四溅。他们往往挑着走出几步远，就要放下水筲喘息一会儿。等到挑回家里时，不知道要歇多少次，而且筲里面的水也基本洒光了。可是，这是农家孩子成长所必须经历的一个阶段。

当他们挑着满满两筲水，能够像大人一样健步行走的时候，则意味着他们已经长大了。

时光如梭，转眼即逝。而今，随着自来水的入家入户，那些曾阅尽尘世沧桑的大水缸，蓦然间不见了踪影。而那些与水缸相伴的水筲和水扁担，也跌入一个被人遗忘的角落。

纸　缸

　　纸缸，又称"纸斗"，是一种用纸浆做成的器具。它们的形状大小不一，功能与面缸的作用差不多。过去，几乎每家每户都会有一个纸缸，有的人家甚至数个或更多。人们用纸缸来盛放粮食，或存放衣物，不会受潮。盖上盖子之后，耗子也咬不破。

　　制作纸缸，是家庭主妇们的事情。她们一般采用沙缸或陶罐作为模具。在制作之前，需要先将废纸用水泡成纸浆，然后沥水拧干，加少许白黏土搅匀，放到石臼中捣成纸浆。

用纸浆做成的纸缸，在裱糊上一层印花纸之后，顿时变得靓丽起来。

　　将选好的纸缸模包上一层布，而后用手将纸浆拍打到模具上面。因为在朝模具上糊纸浆时，要用力拍打，所以农家人将这个活儿称为"打纸缸"。

　　直至纸浆严实地黏结在整个纸缸模上，再放到日头底下，边晒边用擀面杖反复滚压，使纸缸均匀光亮。待晒干之后，取下模子，再用刀、剪为其整型，直到自己满意为止。

　　刚出生的纸缸还显得有一点粗

那些素面的纸缸，装饰上黑色的剪花后，显得庄重而大气。

糙，当里外裱糊上一层报纸之后，整个纸缸就变得细腻多了。然而，对心灵手巧的农家妇女来说，这还不能满足她们对美的渴望与展现。

因为她们可不情愿让自己亲手制作的纸缸，以一种粗陋的模样示人。于是，她们还会在纸缸的外面裱糊上一层花花绿绿的印花纸，颜色以粉红、嫩绿、杏黄为主。

除此之外，一些擅长剪纸的妇女，还会动手剪一些花卉、动物、戏曲人物的纹样，有顺序地贴在纸缸上。

心灵手巧的农妇还把纸缸设计成不同的形状，这是一个灯笼形的纸缸，颇具乡土的美感。

纸缸上的剪纸，在题材和内容上不仅讲究形式的美感，更强调它的吉祥寓意。那些避邪、驱恶的主题，是为了平安纳福。譬如剪5只蝙蝠围绕着桃子或"寿"字，称为"五福捧寿"；以莲花、鱼、笙与童子的形象组合成的剪纸，通常读作"连年有余"、"连生贵子"。因此，那些纸缸不仅具有了实用的功能，而且还是一道道赏心悦目的风景。

纸缸除了不能盛放湿物之外，与小瓷缸和瓦罐的功能不相上下，而且它们还有个优点，那就是轻便，不易破碎。一个纸缸只要不被水浸泡，可以连续使用好多年。

当它们身上的色泽被岁月一点点地吞噬，并开始呈现出老态龙钟的姿态之后，只要在它们的身上重新裱糊上一层好看的印花纸，它们瞬间会绽放出第二青春。

现如今，恐怕很少有妇女去打纸缸了，甚至人们早已淡忘了纸缸的模样。那些曾经风光过的纸缸，是否早已被岁月的风尘吹打成碎屑了呢？

在20世纪七八十年代的农民家中，纸缸这种物件几乎随处可见。

花盒子

花盒子，又称"喜盒"，是姑娘结婚时的陪嫁之物。因此，花盒子并不像纸缸那样，几乎家家必备。花盒子，除了扁圆和方形的之外，还有花、鸟、瓜、果等象形盒子。

花盒子的制作工艺，与纸缸略有不同。花盒子的盖是用苇席或秫秸席制成的，外面裱糊彩色印花纸。其主体分为两种，一种是采用纸浆制作的，这跟纸缸的制作工艺差不多；另一种则是用薄木板圈成的，再在外面裱糊印花纸。后者比较结实耐用，但制作起来比较麻烦。

常见的花盒子，大都是采用粉红色的印花纸裱糊。粉红色，寓意着喜庆吉祥，这跟新婚喜庆的气氛十分相配。当然，也有少部分花盒子采用嫩绿色的印花纸，或许人们只是为了给单一的粉红色增添一些更多的内容吧。

还有一种更加精致的花盒子，一般在外面裱糊素皮纸，而后加以粉刷，再请画匠在上面彩绘各种花卉、动物或人物等吉祥图案。常见的如"龙凤呈祥"、"鸳鸯戏莲"、"凤凰穿牡丹"、"和合二仙"、"刘海戏金蝉"等吉祥图案。

这种花盒一般摆设在新房迎门家具的顶部，色彩艳丽，耀眼夺目。

过去，花盒子是北方女子陪嫁的必备之物，用于新娘盛装稀罕

印有大红"囍"字的花盒子，是吉祥喜庆的象征。

食物，夜里充饥。因此，女子在出嫁之前，娘家人总要忙活着做一些花盒子。花盒子的数量越多，代表娘家越富足，越有人缘。

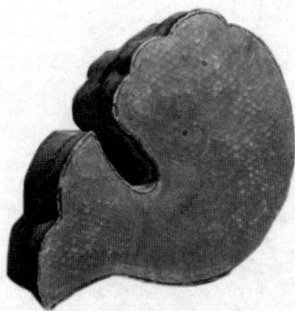

这是一种鱼形的花盒子，在我国民间有"吉庆有余"之喻。

只是，花盒子的实用功能，并没有纸缸强。在新婚仪式结束之后，它们一般也会被束之高阁。除了有点装饰的作用之外，大概也就是盛放一点布头、线轴之类的零杂物品。

于是，不知从何时起，民间开始盛行起借花盒子。在姑娘出嫁之前，娘家人只是象征性地做两个花盒子，其他的则从左邻右舍家临时借来的。有些略显陈旧的花盒子，只要再在外面裱糊上一层印花纸，又会新鲜如初。这样，既显得风光，又减少了无谓的开支。

等新娘回门的时候，再将那些借来的花盒子捎带回去，还给原主。不过在归还的时候，花盒子里面一定要放上一点糖果或点心。否则，会被原主视为吝啬，甚至认为不吉利而断交。

在北方很多地区，姑娘结婚当天不陪送花盒子，而是等到新婚三日或四日回门时，再将花盒子带到婆家。花盒子一般都是由新娘的长辈准备的，里面装满麻花、点心、糖角、肉包，以及各种各样小巧玲珑的花馍，谓之"上炕礼"。然后，再由新娘分赠给男方的亲友。

当然，在回送花盒子的时候，男方家人也要象征性地在每一个花盒子里面盛上一点糖果或点心，以表达诚心与感激。

这些堆积在一起或新或旧的花盒子，曾经都有过一段刻骨铭心的记忆。

如今，新婚喜庆的仪式每一天都在进行，但花盒子就像失散已久的红盖头一样，早已变成了一个美好而又遥远的回忆。

圆　斗

圆斗，是一种用柳条编成的，专门用来盛放粮食的器具。在众多的家用器具当中，圆斗应该归属于"白领阶层"。

它们大都编工精细，体态丰腴。尤其是刚刚添置的圆斗，它们的肌肤洁白细腻，犹如年轻的少女似的。

那些粗重、脏乱的活儿，人们是不舍得用圆斗的。大都安排给了粗陋的棉槐篓子和柳条筐子。对圆斗来说，最重的工作也许就是盛装一下麦粒或黄豆。在大部分时间里，人们情愿让它闲置在一边，静静地等待某一个重要日子的到来。

圆斗的高贵，或许正源于它内在的气质。

在那些婚丧嫁娶的仪式中，是圆斗们聚会的日子，圆斗当仁不让地成为主角。每一个圆斗里面都盛满大大的馒头，也盛满真挚的感情。

中国传统记忆丛书

圖说
老物件

220

圆斗的用途可以盛装粮食，更重要的是它们还是农家人人情往来的"使者"。

为了避免各家的圆斗混淆，每一个圆斗上面都要贴上一张象征身份的小纸片。那些纸片的多少，则象征着一只圆斗阅历的深浅。

圆斗的结构看似简单，但编织圆斗却是一件需要相当技术的活儿。在编织之前，工匠首先要在处暑之时选择已长成的杞柳，砍回来之后去皮进行晾晒，这时的柳条洁白柔软，已经具备了成为圆斗的潜质。

在编织圆斗时，选料要精中求精。不仅要用粗细均匀的上等柳条，还要配上细细的麻绳儿或棉绳儿。有些工匠编织的圆斗，做工极为精细，甚至盛水都点滴不漏。

这种形状比圆斗小许多的器物，被称为"宝圆斗"。过去，北方妇女多挎着它们赶集或走亲戚。

时至今日，在农村的很多地方，圆斗在人情往来之中仍占有一席之地。尽管它们昔日那洁白的肌肤早已被岁月打磨成了栗子皮的色泽，但它们的神态仍那么坦然。因为那是一种凝结着尘世温情的光泽，它们承载着一个家庭的欢笑与眼泪。

板　凳

　　过去的农村，由于受经济条件的限制，家居布置一般都非常简单。这一点，在坐具上体现得更加明显。像今天的沙发、靠背椅子，在当时的农家人看来简直就是一种奢侈品。农家人常用的坐具就是板凳，板凳结实耐用，像极了农家人的勤劳朴实的品行。人们多选择槐木来制作板凳，因为槐木结实耐磨，且不易开裂。农家的板凳，有长板凳和小板凳之分。长板凳的样式一般比较规范，大都是请木匠师傅制作的。

　　一条瘦瘦长长的木板，加上四根脚柱就拼凑成了一只板凳。木板是面，在木板接近两端的地方钻出四个孔，一个孔里插进一根脚柱，就是一只板凳了。另外的两根或四根板条正好把四条脚连接起来，算是起了加强的作用，坐上去很牢固，经久耐用。

　　长板凳一般是用来接待宾朋的。在屋内，它们大都有固定的摆放位置，或在正堂，或在紧挨土炕的墙壁跟下。它们的神态有点生硬和木讷，犹如一位不善言辞的长者。孩子们对其感兴趣的一点，恐怕也就是可以踩着它们上上下下高高的土炕了。

　　令孩子们最感兴趣的，却是那些形状各异的小板凳。它们大都是大人们在农闲之时，一时心血来潮制作的。或

以前，在农人家中都少不了几个这样外表丑陋，却非常实用的小板凳。

是一块废弃的木板，或是半截待烧的树桩，只要大人们意外发现它们具有成为一只小板凳的潜质，便会拿出斧子修理上一番。然后，再在上面凿上孔，安装上四条小腿即可。

长板凳多了几分威严，孩子们对它们并不感兴趣。

农家人并太不在乎小板凳外表的美观，只要耐用就行。当然，也有些小板凳是由专业的木匠师傅打造的。可是，孩子们对那些规规矩矩的小板凳并不青睐，偏偏喜欢那些形状怪异，气质独特的小板凳。

以前，农家人的孩子多，每个小孩都会选择一个自己喜爱的小板凳，作为自己长期固定的"伙伴"。每到吃饭的时候，他们都会选择自己早已选定的那个小板凳。因此，为了一只小板凳归属问题，兄弟姐妹之间偶尔会闹出一些令人啼笑皆非的小矛盾。

盛夏之夜，孩子们会抱着自己心爱的小板凳，跟随母亲或祖母到街头上去乘凉。在月光之下，听风儿吹响墙头那一丛丛黝黑的叶子；看小精灵似的葫芦蛾，在洁白的葫芦花间飞来飞去……

长者的那些充满神奇色彩的故事，也犹如一个个小精灵。在这个夜晚，伴随着艾草燃烧的清香，一次又一次地叩击着他们幼小的心灵。

抱着自己心爱的小板凳看露天电影，对每个孩子来说都像过节一样兴奋。太阳还未落山，他们便坐在村头的场院上，焦急地凝望着那一块刚刚升起的白幕。散场时，当他们怀抱着小板凳意犹未尽地回家时，那些精彩的镜头会在梦里与他们重温。

孩子们的喜爱，让小板凳具有了一种灵性的质感，并在岁月的深处反射着一种纯真的光泽。

小板凳，曾经是农家孩子们最亲密的伙伴之一。

婆婆椅

婆婆椅，是一种专供还未学会走路的婴孩坐的一种器具。既然不是由婆婆来坐，那么它们为什么还要叫婆婆椅呢？这确实是一件很有趣的事情。

我们不妨猜测一下，过去的时候，家家户户都有几个孩子，即使年迈的婆婆也要担负着照料幼儿的责任。照料孩子不是一件轻松的事情，尤其孩子们还在婴儿时期。

为了生计，做了婆婆的妇女仍要做些力所能及的家务，譬如洗衣做饭、纺花织布等。这时候，将婴儿放进婆婆椅中，就不用担心他们四处乱爬。这样，婆婆们既省力，又不耽误手里的营生。坐在椅子上的虽然是婴儿，但就像婆婆坐在上面一样。于是，后来便拥有了婆婆椅这个名字。当然，以上的观点只是一种臆测。

婆婆椅的作用相同，但在形式上却是五花八门。有的婆

这是一个采用树桩制作而成的婆婆椅，农家人是多么懂得变废为宝的道理啊！

这是由木匠师傅精心制作的婆婆椅，外形规规矩矩，非常踏实。

婆椅，是由木匠师傅用木板精心制作的。这些婆婆椅大都比较规整，就像一把缩小的圈椅，只是在前边又加装了一根扶手，将圈椅两侧的扶手连为一体。另外，在前边扶手的中间加装一根竖轴，这样可以将孩子的两条腿分在两个不同的空间里，避免他们因为淘气而不小心摔倒地上，其作用跟今天的婴儿车差不多。

过去，很多土窑在烧制生活器皿的同时，也烧制婆婆椅，颇受人们的欢迎。

还有一种则比较粗糙和简单。大人们直接在一块粗大的树桩上面凿一个能坐开婴儿的坑，树桩下面则根据尺寸比列凿两个孔洞，可以将婴儿的两条腿伸到外面。

除了木质的婆婆椅，还有陶质的。陶质的婆婆椅较为笨重，多为黑色的土陶。只是在冬天的时候，陶质的婆婆椅不太适合让婴儿坐。

对忙于农活的母亲们来说，婆婆椅是一个不会说话的"保姆"，可以节省出很多时间。

与婆婆椅作用相近的，还有一种名叫站筒的器具。站筒也是用木头制作的，但也有少部分土陶的。站筒的作用，跟今天的婴儿学步车类似。它的形状就像一个被拦腰截断的圆锥。大人们在忙活的时候，可以把刚学走路的孩童放到里面。站筒底部直径是上边的数倍，因此根本不用担心孩子会把站筒翻倒，摔伤自己。

婆婆椅和站筒，都是人们在育子过程中，根据经验设计制造出来的。它们不仅简单实用，而且还凝聚着对后代浓浓的关爱。

炕花席

炕花席，是用高粱秸劈成篾片编织而成的席。因为劈成的篾子有红、白两种颜色，故而交叉编织成篾席之后，远远地看上去，就像一团团跳动的火焰。因此，炕花席在民间又被为"红席"。

过去，北方农村几乎家家都有土炕。因此，炕席也成为居家生活的必备之物。俗话说："炕上没有席，脸上没有皮。"

一领编织精美的炕花席，不仅美观耐用，而且还会给家庭营造出温馨和富贵的氛围。关于炕花席的来历，在我国北方民间还流传着这样一个故事：

过去，北方农家都喜欢在土炕上铺一领席篾编织的炕花席。

战国时期，孙膑遭庞涓的陷害后，四处流浪。闲暇无事，他便用高粱秸劈成篾子，琢磨着编成席子铺在炕上。后来许多人也学着编织起来，世代相袭，一直传承到今天。

一领炕花席看似简单，工序却有30多道。高粱秸收获之后，经过去根、剔梢、捆坯子、破篾子、刮篾子、编隔子、挑席子等多遍工序和繁重劳作以后，一领成品席子才能诞生。编席因为是纯手工，很多初学者往往都会被高粱秸弄得满手是伤。而编制过程需要在阴暗、潮湿的环境中进行，因此很多编席者都把编席地点选在了地窖里。

红色，在我国民间寓意着红火与喜庆。而炕花席，这个被红色浸染的古老生命，自然受到了人们的宠爱。无论娶媳妇还是过春节，都要买一领炕花席。有些节俭的人家，往往待出了正月之后，会把新买的炕花席小心翼翼地卷起来，继续使用原先的。等到来年时，再将新席铺上去。

一领炕花席，一般可用好多年。但它毕竟是用普通的高粱秸编织而成的，再加上几个冬天炕火的烘烤，它们终究免不了衰老的结局。

一领炕花席，会使农家的土炕变得温暖和亲切起来。

炕花席的衰老，是从一根席篾的断裂开始的。然而，人们仍会想尽办法拯救它们，尽力阻止它们的生命继续走向残破。

可是，生生死死是这个世界的因由，一领炕花席也不例外。当它们实在不能用的时候，人们才会将它们撤换下，或留在下面，作为新炕席的铺垫。

那些被撤换下的炕花席，人们是不舍得将它们丢弃的，或者用其遮盖仓房的粮食，或者用来遮盖村头的草垛。对于一领炕花席来说，这又何尝不是一种新生命的开始呢？

今天，随着人们居住方式的改变，土炕已经越来越少。再加上炕花席编织过程的复杂性和工作环境的特殊性，那些曾经在年市上像火焰一样熠熠生辉的炕花席，早已难觅其踪迹了。

这幅农民画所表现的，就是过去人们在集市上选购炕花席的热闹场面。

蒲 团

蒲团，是以蒲草或玉米苞衣编织而成的圆形扁平坐具。蒲团的历史非常悠久，据史料记载，在秦汉时期，人们就已经开始编织蒲团了。只不过在最初，蒲团乃僧人坐禅及跪拜时所用之物。至于蒲团何时由寺院而流入百姓之家，成为深受人们喜爱的一种坐具已经无法考证，但想来也绝不会滞后多久。

南方的蒲团，多以蒲草编织而成。蒲团的颜色，透着蒲草成熟的气息，浅黄中夹杂着尚未隐逝的绿意，手感也极为柔软。而北方的蒲团，多是以玉米苞衣编织的，色泽黄里透白，手感较为硬实。

无论南方还是北方，蒲团都曾是老年人最钟爱的坐具之一。因为老年人喜欢盘腿而坐，蒲团轻便柔软，随身携带，找一处荫凉席地而坐，即可唠嗑或做针线活儿。

灶台之前，一位白发苍苍的老妇，盘坐在蒲团上，一只手拉着风箱，一只手往灶膛里递送着柴草。从灶膛里迸发出的火焰，深深地嵌入她脸上那一道道历经沧桑的皱纹里。这一幅画面，不就是对过去农家老年妇女的生动写照吗？

这是采用蒲草编织的蒲团，是过去人们经常使用的坐具。

因此，编织蒲团多为农家老年妇女的事情。秋天，当玉米收获之后，老年妇女的营生一般就是在院子里剥玉米。她们在剥玉米的同时，会特别留意起手底下的玉米苞衣来。编织蒲团所用的玉米苞衣是有严格标准的。最外那层硬邦邦的不合格，有虫眼的被淘汰，长度不够的遭拒绝。如此一来，她们一天仅能采集小半篮玉米苞衣。直到院子里那一堆像小山丘似的玉米棒子被剥完，她们才备足编蒲团的原料。

她们在编织之前，首先将挑选的玉米苞衣泡软晒干，然后把玉米苞衣皮拧成两股绳，先打一个结。这个结有一个很好听的名字，叫"马莲座"。接下来，就沿着"马莲座"向前来回拧，拧一会儿，加一股，继续拧，不断加股。

这是采用玉米苞衣编织的蒲团，以前在北方农村很常见。

在老人们的手中，那些横七竖八的玉米苞衣，立时变成一朵朵妙曼的花儿镶嵌在那儿。

老人在编织蒲团的时候，每一股都极为认真细致，不容有一丝闪失。她们仿佛在编织一个平凡而动人的故事，将这个秋天所有的芳香都编入每一股玉米苞皮里。不消三两天，一个直径一米，厚三指左右的蒲团便诞生了。

孩子们对蒲团的温情记忆，大都源于自己的祖母或外婆。夏夜，孩子们喜欢跟着老人到街头上的那一排老梧桐树下乘凉。一到这个时候，整个村庄便弥漫着野蒿的苦味和庄稼的芳香了。

坐在玉米苞衣编织的大蒲团上，半躺半坐地依偎在老人身旁，眼望着夜幕中闪烁的星星，听老人讲述那些神奇的故事，而后渐渐地进入了梦乡。

一个小小的蒲团，承载着太多的怀念与记忆。人们怀念蒲团，或许是为了缅怀那些已逝的长者，以及那一段无忧无虑的童年时光吧。

在旧时的集市上，经常会见到挑着蒲团叫卖的商贩。

棒 槌

"嘭、嘭……"

过去，在乡间的河畔或水塘边，经常能听到妇女有节奏的捶衣声。它们时而沉闷，时而清脆，就像一首古老的打击乐，回荡在时空的深处。

妇女所使用的捶衣服工具，就是棒槌。棒槌的主要作用，就是人们在洗衣服的时候，用它来捶打浸湿的衣物，可以起到充分揉搓而达到去污的目的。

以前，几乎每家每户都有一根棒槌。它的长度约有一尺多长，二寸多粗，通体浑圆溜光；后部手握的地方略微比前面要细上一些，呈小弧形，握起来比较舒适。

做棒槌的材料比较讲究，不仅要考虑木料的坚韧程度，而且还必须选用那些不易变形和开裂的木材。最常见的用来加工棒槌的木料有枣木、梨木、榉木等。

棒槌和木盆，是过去农家妇女浆洗衣物的必备用具。

在以前，人们洗衣服既没有洗衣粉，更不会有洗衣机。唯一可用的，大概就是一些去污能力较差的皂角类或黑肥皂之类的东西。因此，妇女们在洗衣服的时候，大都需要用手来搓。于是，棒槌便成为妇女们洗衣时的得力助手。

捶衣服是一个需要耐力

和技巧的活儿，不但要有手劲，而且还必须细致用心。她们先把要洗的衣物用水浸透，然后找一块大点的石头垫在下面，再把衣物放上去，一面用棒槌不断地敲打，一面用另一只手不断地翻动衣物。然后，在衣物上打上黑肥皂，再重复上述的敲打过程，最后经过清水漂洗，衣物就洗好了。这样做不仅省力，而且衣物也能洗得干净。

以前，江南的农家妇女就是这样在河边用棒槌捶洗衣物。

除了洗衣物，棒槌还有一个重要的作用，就是用来浆洗被单。这时候的棒槌，多少起到了熨斗的作用。

231

在物资紧张的年代，农家的子女又多。白棉布被里用长了，洗多了，就会变得松软，容易被孩子们蹬破。

于是，勤劳的农妇们在焖米饭的时候，会盛出一大盆米汤，把白布泡在白米汤里；待浸透之后，拿出来用棒槌反复捶打，直到浆汁完全融合到棉线的内部；然后，半阴干，并用清水冲去表面残留的米汤，再晾干。

如此一来，这块白布就会变得厚重和硬挺，而且还异常光滑。将其缝作被里子，再合适不过了。浆出来的被里子，洗几次还能保持硬度和光滑。

不过，这项工作不需要经常来做。一年大概也就一两次，因此，除了洗衣服，在大多数的时间里，棒槌都是闲散地晒在阳光里。

今天，随着现代科学技术的广泛运用，洗衣机、电熨斗等电器早已替代了棒槌的作用。而那"嘭、嘭"的捣衣声，也早已成为了岁月的一种绝唱。

煤油灯

旧时，电灯在农家人的心里还是一个遥不可及的梦。农村家庭大都是使用煤油灯照明。

煤油灯多为玻璃材质，外形如细腰大肚的葫芦，上面是个形如张嘴蛤蟆的灯头。灯头一侧，有个可把灯芯调进调出的旋钮，以控制灯的亮度。

其实，像这种正宗的煤油灯，在农村家庭中也是不常见的。农家人使用的煤油灯，大都是自创发明的，因此种类很多，形状各异。譬如墨水瓶、小酒瓶、药水瓶等，都可以废物利用，被制作成煤油灯。

去掉瓶塞和瓶体上塑料质的易燃物，找来薄铁皮卷成筷子粗的管状，里面塞上用棉花制成的灯芯。然后，从瓶口处插入，倒入煤油灯，一盏油灯就制作成了。待点燃之后，那毛笔头大小的火苗，在暗夜里静静地发着昏黄、微弱的光芒。

煤油灯的亮度，取决于灯芯里棉花线的长度。棉花线太短了，火苗小，亮度不够；棉花线长了，亮度够，但又比较费油。

点燃的煤油灯，总是连着一条黑烟。久了，屋里就会有一股浓浓的煤油烟味。为了减少煤油烟，很多人想出了一个妙招，他们把子弹壳的周边凿上许多小孔，按在油捻子上头。这样，油灯便有了上下两条

这种灯罩式的煤油灯是比较正宗的，但在过去农家人的眼里，它显得有一点高贵。

火苗，仍然那么亮，但却极少有烟。

那时家家户户大都很穷。为了省钱，经常几个房间只点一盏煤油灯。做饭时，灯放在灶房，一家人便围在灶房；做好饭之后，把饭端到里屋，煤油灯也跟着到了里屋的桌子上。

为了节省煤油，细心的妇女会适时调节灯的亮度。只有在孩子写作业的时候，才把灯光调亮一点。即便如此，在微风中忽明忽暗、上下跳动的灯光，仍旧照不了多远，孩子们只能挤在煤油灯跟前学习。

这种用玻璃瓶自制的煤油灯，才是过去农人家里最常见的。

用不了多长时间，他们的小眼睛就开始模糊了。然而，勤俭的妇女就连这一点光亮也不肯浪费。她们或坐在一旁纳鞋底，或缝补衣物；男主人们则在隐隐约约的灯光下收拾着农具。

马灯也是煤油灯的一种，它的四周有玻璃罩防风，因而夜行时可以挂在马身上。

如今的夜晚，到处华灯闪烁，流光溢彩。随着岁月的流逝，煤油灯在人们的记忆中渐渐地远去，甚至早已被人们遗忘，但它们曾经陪伴着无数的家庭历经了风霜雪雨和悲欢离合。

也许，在每个人的心中都应该珍藏一盏煤油灯。当我们置身于喧嚣的都市，内心感到浮躁的时候，不妨用记忆点燃那一盏虽然光芒微弱，但却温暖朴实的煤油灯。想必，它一定会给我们的心灵带来宁静，使我们能够真实地面对自己。

水烟袋

水烟袋，又称"水烟壶"、"水烟管"。吸水烟，虽然是中国传统的吸烟方式，但它与鼻烟一样，同样属于舶来品。

水烟袋起源于古代的波斯，16世纪后期传入东欧，后经丝绸之路传入我国，流行于明代末年，盛行于清代、民国时期。

水烟袋多以白铜制作，也有用黄铜、青铜或锡制作的。富贵人士使用水烟袋较为讲究，烟嘴部分有翡翠的，也有玛瑙制作的，连接部分则用金、银镶嵌。

在农家，水烟袋还有以竹制作的，往往也别具一格。被誉为"云南十八怪"之一的竹筒水烟袋，就是水烟袋的一种。虽然在外观上与金属水烟袋有较大的差别，但在结构原理上是相同的。

水烟袋的造型奇特有趣，它主要由烟管、吸管、盛水斗、烟仓、通针、手托等构成。烟管的一头为烟碗，其下连一细管，伸入水斗的水中。这一部分往往放在最前面，吸管一般长30厘米左右，也有更长的。吸管位于烟管之后，或并列，或稍有间隔，上端向后弯曲，便于吸烟，下端插入水斗，但在水斗的水面之上。水斗与吸管一般为一个整体。烟仓多为

时至今日，在云南的一些少数民族地区，仍有吸竹筒水烟袋的习俗。

桶形，上面均有盖子，以防烟丝风干。手托主要起连接作用，水斗部分与烟仓都是插在其中的。

用水烟袋的吸烟需要几分技巧，首先水斗水的添加就有讲究。仓水太多，容易吸入口中；仓水太少，没到烟管，烟在水面上直接进入吸管，达不到去火除杂的作用。

水烟袋的烟斗较小，吸完之后需要另装另点。吸烟时用草纸卷成的纸卷，被称作"纸捻"或"纸媒"，专门用来点火。

用纸捻点燃烟丝后，吹灭容易，难就难在抽第二袋烟时又要把它吹出明火。过去，吸水烟除了不能把烟袋里的水吸入口中外，还得学会吹纸捻。

因为抽的是生烟叶，水烟袋的劲儿特大。烟叶有现成买来的，更多的是自己家种植，而后自己加工的。

这是过去富贵人士使用的一种水烟袋，外观设计与装饰都十分精美。

种烟很有讲究，烟叶品质的好坏完全在于日常管理。种烟的地不能太肥，肥了叶厚油烟也重；也不能太贫，这样长出来的叶子太薄，味儿淡。日常追肥不能用粪肥，最好用干净的人尿。这样，种出来的烟叶才会色泽金黄，冲头十足。

到了中秋前后，将烟叶采收下来，在屋内晾到八成干，再用石碾压平，将凸出的叶脉摘除，卷成柱状，用麻绳扎紧。等到客人来时，找出烟丝刀来，垫着木板将柱状的烟叶切成细细的烟丝，这才是农家正宗的水烟袋

这是过去普通人士使用的一种水烟袋，外形显得粗犷而敦实。

吸法。

吸水烟时，烟气先从水中通过，发出阵阵有节奏的"咕噜、咕噜"声之后，才进入口腔中。然后，轻轻地吐出烟雾，慢慢地品味其中的滋味。

烟仓水，一般不轻易更换。时间一长，就变成了酱油的颜色，而且还有些黏稠。烟仓水还有一个妙用，农人在耕种水田的时候，腿部经常会被蚂蟥叮咬。这种可恶的东西，两头都有吸盘，血不喝足，不会轻易松口。这时候，只需要一滴烟仓水，它们会立即痛得滚落下来。

水烟袋的命运像鼻烟一样，随着卷烟技术的兴起与发展，它们逐渐成为一道远逝的风景。不过，作为水烟袋家族中的"异类"——竹筒水烟袋，仍零星地在我国南方一些少数民族地区流行。

旱烟袋

旱烟袋，是过去农村最常见的一种吸烟工具。它的前面是一个金属锅，多用黄铜和白铜制作而成；烟嘴多为石头的，或者高级点的有玉石嘴儿，颜色多为乳白色或黄色；烟袋杆大多数是空心的木质材料，如乌木、竹竿等。

烟袋和烟荷包，在过去是男人出门时必带的两样东西。

烟荷包，也是抽烟人不可缺少的。老年人多用扁圆形的布袋，也有用牛皮或羊皮缝制的，被时光磨得油光发亮。年轻人的烟荷包，多是用绸缎缝制的，上面绣着花、鸟、虫、鱼等吉祥图案，给人一种玲珑精巧之感。

因为青壮年男子经常外出干活，为携带方便，所用的烟杆较短，一般不会超过一尺。而老年人多在家里抽烟，习惯用细长的烟杆，一米多长的也很常见。

在过去的乡下，几乎每个男人都会抽烟，

老年人喜欢抽长杆的烟袋，而烟袋杆的长短，好像是他们阅历与身份的象征。

壮年男子所抽烟袋的杆儿普遍较短，这是为了在劳作的时候方便随身携带。

甚至连老太太、小媳妇也会抽。农人家的土炕上，几乎家家都放着一个盛旱烟的筐箩。客人们进门之后，将筐箩往眼前一推，装满一锅烟，或者卷个大喇叭筒，递给客人，再划火点燃。

客人抽，家人也陪着抽，边抽边唠。一袋烟下来，满屋子青烟缭绕，成为农家一道独特的风景。

旱烟袋对于村里的男人来说，那是形影不离、四季相伴的伙伴。无论下地还是串门，都习惯把一支长长的旱烟袋用手握着，或别在腰上。累了或小憩的时候，便坐在田埂上或地头的石头上，甚至干脆把锄头、镢头、耙头等农具放倒，坐在它们光亮的木柄上。

然后，慢慢地从腰间拔出那根旱烟袋，将烟袋锅在烟荷包里挖挠一阵子，掏出满满一锅烟末，摁了又摁，压了又压，而后划火柴点燃，接着"嘶啦、嘶啦"美美地抽起来。升腾起的烟雾，伴随着昔阳的余晖，袅袅地散去。

农家的孩子们，对旱烟袋也怀有一种特殊的情愫。最初，他们总会想办法把大人的旱烟袋悄悄地偷到手里，作为有趣的玩具玩耍。

抽旱烟袋并非男人的专利，过去在我国东北地区，有很多大姑娘、小媳妇也喜欢抽旱烟袋。

中国传统记忆丛书

圖说
老物件

他们将其视为一支步枪，还是一把宝剑，完全在于他们自己的想象和游戏时的需要。甚至有些好奇心大的孩子，也模仿大人的样子，偷偷地挖上一锅烟末，并划亮火柴点燃。当他们也像大人那样猛吸一口的时候，结果被呛得热泪盈眶。对于他们这个年岁来说，也许是第一次经历如此苦辣的体验。

那些孩子们也会因此而陷入迷惑，面对这样的苦辣，大人们为什么会如此坦然呢？他们怎么也猜不透，但对旱烟袋却萌生了一种敬畏。

盛夏之夜，孩子们喜欢依偎在祖父的身边，出神地看着祖父把手中的旱烟袋抽得像天边的星星似的，一眨一眨的。微弱的光芒，淡淡地映在祖父橘皮似的面容上。

然后，听祖父讲白娘子与法海和尚斗法，还有皮狐子精的故事。那些充满传奇的情节，像远处一只只飞旋的萤火虫一样深邃迷人。

如今，在农村仍有一些上了年纪的老人在使用旱烟袋。想来，他们这是在对淳朴岁月的坚守，还是在怀念远逝的青春呢？

火　镰

　　自古至今，居家过日子都离不开火。今天，我们可以使用火柴、打火机等工具，非常方便地就能取到火。那么，以前人们是采用什么工具取火呢？

　　火镰便是最主要的一种方式。火镰，是一种历史非常久远的取火器。至于它具体起源于何时，现在已经无法考证了。

　　火镰一般是由 3 部分组成的，即火石、火绒和钢条。火石大都产自河滩，质地比较坚硬，相互碰撞能够产生火花。火绒，就是用艾草、棉花等易燃物品做成的火引子。

　　钢条，是采用硬度不太强的普通钢材打造的。它的形状弯弯的，像一把镰刀，火镰也因其而得名。比较讲究的主人，会在钢条上刻上"龙吞火球"、"麒麟喷火"等纹饰，并把一块皮革镶嵌在弯弯的钢条内，制成像现代女士常用的小坤包的样子。皮革的两端嵌有铁皮，其中一块带有磁性，不用的时候，会自动把口封好，起到防止火石和艾绒丢失或受潮的作用。

　　过去，火镰是男人们随身必带物件，特别是喜好吸烟的男人们。吸烟者往往会将火镰和烟荷包连在一起，称之为"火镰荷包"，并同烟袋竿系在一起，随身携带。

　　在吸烟的时候，先往烟袋锅里装好烟末，将烟袋杆衔在嘴里，然后一只手捏着火绒和

火镰，是古代劳动人民的一项重要的发明。在很长的一段历史中，它都是人们取火的主要工具。

火石，一只手捏着火镰对着火石砰地划过去，倏然一道火光闪过，便会有几点火星子溅落在火绒上。少则一两下，多则三五下，火绒便开始冒烟了。然后，嘴对

这是一件比较讲究的火镰，它的身上嵌有"福寿双全"的铜饰图案。

着火绒轻轻地吹几下，红红的火头就会越燃越大，将火摁在烟袋锅上就能点燃。

过去，农村几乎家家户户都有一个木头烟盒子，大约宽八九公分，长二十五公分，高五公分。盒子中间用木板隔开，分成大小两部分，小头盛烟，大头盛火镰、火石和火筒子等取火用具。它还有一个能够来回拉动的木板盖子，以防止灰尘落入烟盒中。

旧时，城市里卖火镰、火石和火绒，一般在铁匠铺或杂货店，旱烟摊上也大都有货。在农村，除了旱烟摊上有之外，走街串巷，摇拨浪鼓的货郎也有。他们一边走，一边吆喝着："火绒子、火片子、火镰，一打就抽烟，两打不要钱，片儿火镰哪！"人们可以买，也可以用破烂换。

过去，出售火镰的商铺，悬挂的招幌就是一个大大的木质的火镰。

虽然说火镰远远不及火柴方便，但也有一些火柴无法相比的优点：一是不怕潮湿，因为火镰是带在身上的，只要火绒不湿，阴天下雨也能够取火出来；二是不怕风，因为是钢与石头撞击出来的火星，风再大也不影响取火。

或许，正是因为这些优点，在20世纪五六十年代时，火镰仍在我国西北一些较为偏僻的地区盛行。如今，随着打火机、火柴的普遍使用，古老的火镰早已不见踪影，甚至一些年轻人连见都没见过。

烫婆子

中国传统记忆丛书

圖說
老物件

烫婆子，又称"汤婆子"、"烫壶"等。它曾是我国民间，尤其是江南地区家家户户过冬时必备的取暖用具。以前常用的烫婆子，有铜质的、锡质的、瓷质的等多种材料，形状则以南瓜形为多。

在烫婆子的上方，开有一个带螺帽的小口，热水就是从这个小口灌进去。在小口的盖子内则

在过去的江南地区，这种铜质的烫婆子很常见，它们曾为不计其数的人温暖过寒夜。

有屉子，可以防止热水渗漏。将灌满热水的烫婆子旋好螺帽，再用毛巾或布包上（用于防止烫伤），放在被窝靠近脚的一端，这样晚上睡觉的时候就会感到十分暖和。

据说，烫婆子这种称谓始于宋代。之所以被称为"婆子"，想必

在农人家中比较常见的还是这种瓷质的烫婆子，因为它价钱便宜，而用途与铜质的相当。

是古人将其拟人化，认为与其同床而眠，又能送来丝丝暖意，就像身边躺了个老婆子似的。于是，也就有了这样一个戏谑的名字吧。

过去的冬天，好像比现在要冷许多。西北风穿过荒草萋萋的田野，在村子的街巷里肆意地乱窜。天刚刚暗下来，孩子们就呆

在家里不再出门了。

睡觉时，总要脱衣盖被，但是钻冷被窝，却是一件令人受罪的事情。北方人大都有火炕，经过柴草或炉子的烘烤，就少了一点这样的苦处。然而，江南地区不同，在没有现代的取暖工具之前，人们唯一应对的办法，那就是使用烫婆子。

这种白瓷烫婆子，跟后期出现的橡胶材质的烫婆子在形体上非常相近，北方孩子们戏称其为"水鳖"。

孩子们在睡觉之前，他们的母亲大都会烧一壶热水，灌进烫婆子里面，而后放进被窝里。不一会儿，原先冰冷的被窝就变得暖烘烘的了，孩子们便会迫不及待地钻进被窝。

有时候，热水的温度没有把握好，烫婆子显得太烫。她们就会找来几块旧布头，将烫婆子严严实实地包裹起来，使它达到一个适宜的温度。

无论怎样，温暖的烫婆子一直都会放在孩子们的脚下，有时候还被孩子们抱在怀里。然后，伴着母亲所讲的那些动人的故事，或者在母亲"麻虎子，你走啊，我家宝宝睡觉哦"的歌谣声中，甜甜地进入梦乡。

烫婆子的保温性能特别好，晚上灌的热水，到第二天早晨居然还是烫手的，正好用来洗脸。烫婆子，陪伴着孩子们走过了一个又一个的冬季。那些寒冷的夜晚，因为有了烫婆子的陪伴，变得格外温馨起来。

如今，随着人们生活水平的提高，电热毯、暖气、空调等现代取暖工具早已走进人们的生活，烫婆子也就逐渐从人们的视线中消失了。

然而，每当寒夜来临时，听着窗外呼呼的风声，有许多人总会不由自主地回忆起烫婆子。尤其是那些远离家乡的游子，他们想起烫婆子，就会想起父母，还有那个温暖的家。

鞋拔子

鞋拔子，又称"鞋溜子"、"鞋撑"等，是民间穿鞋时所用的一种辅助工具。它们的质料有铜、铁、塑料，也有兽骨、牛角、象牙等。其形状像一条小舌头，一般长 3 寸左右，宽 1 寸多点。

过去，除了夏天和雨天，农人们大都穿着自己缝制的手工布鞋。新布鞋会越穿越松，为了以后穿起来跟脚，所以新鞋的尺寸宜小不宜大，没有鞋拔子是很难穿的。

鞋拔子的上部为手把，一般钻有孔眼，可以穿绳悬挂；下部则仿鞋跟形，向内稍凹有弧度。在使用的时候，先把脚掌伸入鞋内，将鞋拔子插入鞋后跟，顺势蹬入，就可以轻易快速地把鞋穿好。然后再将鞋拔子拔出来，非常方便有效。

相传，鞋子在中国出现的历史已经有 4000 多年了。鞋子诞生以后，相应地出现了鞋拔子。它的雏形，应该是过去的布块和布带。最早的时候，人们在穿鞋的时候，将手指插入鞋后跟，用力让脚后跟进入鞋内。后来，人们便设计出一种布块和布带，缝在布鞋的后帮口上。在穿鞋的时候，只要拽住它们往上提就可以了。

在以前，差不多家家户户以及旅馆、客栈都在普遍使用鞋拔子。尤其是在鞋店的营业员手中，它们是营业员赖以养家糊口、维持生计的重要工具。干活时，他们必须手握着鞋拔子，笑脸迎

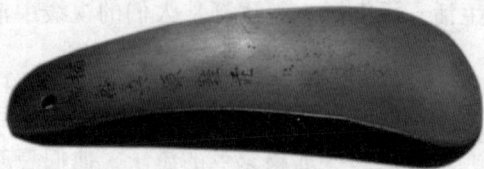

这枚刻有"裕兴源"字号的铜质鞋拔子，仿佛在诉说着一段商家的兴衰历史。

接顾客，然后帮助顾客挑选中意的款式，并帮助顾客试穿。

顾客买了一双上乘的鞋子之后，店家一般都会赠送做工精美的鞋拔子。鞋拔子上刻有店号和招牌印记，这既是一种招徕顾客的行规，又起到一种广告宣传的作用。

采用牛角刻制的鞋拔子，逐渐会被岁月踩踏出难以磨灭的光泽。

鞋拔子的式样虽然都差不多，但图案装饰却丰富多彩，绚丽多姿。有"延年益寿"、"金玉满堂"、"花开富贵"、"三阳开泰"、"双喜临门"、"和合二仙"、"三元及第"等等，多为纳福迎祥的内容。

鞋拔子，一个原本普通的提鞋小工具，经过工匠们的精心打造，承载起了百姓寄托"和谐"、"邪拔"、"提携"等诸多的寓意。

鞋拔子虽然不是一件什么值钱的东西，但对于从那个年代走过来的人来说，却非常值得珍藏。因为，它们不仅经过了漫长岁月的抚摸，还记载着一代又一代生命与爱的延续。

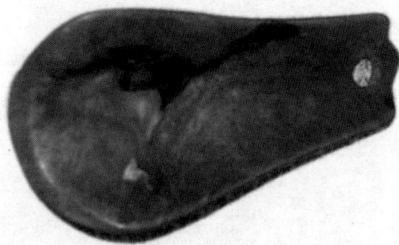

针　插

过去，在农村还很少见到缝纫机。妇女们缝补衣物，大都依靠针线，因此家家户户的炕头上都少不了一个针线筐箩。针，则成为农家主妇们最亲密的工具之一。

每当农闲，或忙完了一天的家务，勤劳的妇女们仍不肯歇息。她们或坐在灯影下飞针走线，一直到深夜；或端着针线筐箩坐在门口外的树荫下，为孩子们缝补破旧的衣服，直到夜幕遮挡了她们的视线。

一根廉价的缝衣针，在妇女们的眼里却像对待自己的孩子一样十分爱惜。每当针尖变钝的时候，她们就会将针尖在自己的发丝间来回摩擦几下。她们是想用自己的体温，为手里的针注入力量和勇气。如果哪一根针不慎折断了，她们就会心痛得皱紧眉头。

用完针之后，妇女们就会小心翼翼地将它们插到针插上，而后再数一数针的数量，以免有失落的。对于针来说，针插是它们最温暖和安全的家了。

农村妇女缝制的鲤鱼形针插，既可以插针，又可以作为粉线包在裁衣服时画线用。

针插，大都是妇女们为了用针方便和安全，自己动手用布头随手缝制的。然后，在里面填充上棉花或滑石粉。

填充了滑石粉的针插，不仅能够养针，而且它们还有另外一个作用，那就是用来作粉线包。妇女们在裁剪布料的时候，可以借助它们打出线条。

针插并没有固定的形式，有花卉形的，也有各种小动物形的；有像荷包一样扁平的，也有像南瓜一样立体的，真可谓五花八门。针插的漂亮与否，取决于所缝制妇女针线活的粗细以及想象力的高低。

插满缝衣针的针插，犹如一只潜伏在针线笸箩里面的伸展开锐刺的刺猬。因而，孩子们对那些奇形怪状的针插也只能是敬而远之。再加上大人们为了安全，不会让孩子们随意拿针玩耍的。或许，就是因为这些原因，孩子对针插的兴趣一直不大。

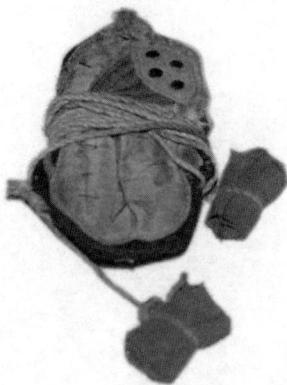

这个莲蓬形的针插，或许正在陪伴着它的主人一起慢慢地变老。

然而，在妇女们之间，一个漂亮的针插，不仅能收获众多的赞美，还能扯出不少有趣的话题，因而，经常会有一些姑娘费上半天工夫，跟针线活儿巧的嫂子或婶子请教某一个针插的式样。

有些手艺巧的新媳妇，会用布头缝制出一个个南瓜样的针插，而且围绕着南瓜再缝上几个可爱的娃娃，谓之"瓜瓞绵绵"，寓意人丁兴旺。之后，她们将这些针插赠送给婆婆、小姑、嫂子等。既显示了自己的慧心巧手，又表达出对婆婆的孝敬，对姑嫂的情意。

而今，除了手工刺绣之外，人们只会偶尔使用一下针。而作为针之家的针插，也悄然消失了。人们偶尔用完针之后，往往随手将其在线轴上一插，将就一下罢了。

有些心灵手巧的妇女，将针插缝制成"南瓜娃娃"的形状。5个娃娃合力抬南瓜，含有"五福临门"的寓意。

但不知道从何时起，针插却作为一种独立的布艺玩具出现在人们的面前。那些在童年时，对其曾怀有一丝恐惧的人见了之后，心中是否会忽然涌起一种久违的感动呢？

鼠　夹

农村的老鼠比较多，它们不仅偷吃粮食，还常常把盛装粮食的囤子、箩筐以及衣服等咬坏。因此，人们对老鼠是恨之入骨。只要见它们露头，必想法诛之。然而，那些总是鬼鬼祟祟的小东西，却给许多人的童年留下了一段段有趣的回忆。

过去，生长在农村的男孩子们，几乎没有没捕过老鼠的。任何一个男孩，都可以讲出一大堆捕捉老鼠的经历。农村的老鼠，被孩子们简单地划分为家鼠和田鼠。两种老鼠各有各的生活领地，互不干涉。两者最主要的区别是，家鼠毛色较深，田鼠毛色较浅，嘴巴较尖细。

田鼠大都将巢穴筑在田间地头，在捕捉田鼠的时候，可以用水灌，用烟熏，最直接的办法就是用铁锨和大镢挖鼠洞，直捣黄龙。

家鼠比较贼，它们大都将巢穴筑在墙壁下，甚至炕洞里。采用上述办法对付它们当然不行。放鼠药吧，又怕散养的家禽成为受害者。于是，人们就想到用鼠夹来捕捉老鼠。

这种铁制的鼠夹，曾在全国各地广泛地使用。

当时的鼠夹有两种，一种是用木头制作的，相对来说比较原始。它就是一个上下可以闭合的木盒子，有两根可滑动的立柱将木盒子的盖托在上面；在下面的盒子里投放上一些诱饵。当老鼠跳进下面的盒子偷食时，误踩上机关，上面的盒盖就会突然落下来，将老鼠扣在里面。只是这样的鼠夹做工比较费时，有时候灵敏度也不高。

另一种是采用铁片或钢丝，配合弹簧制成的。鼠夹的夹环与手柄连成一体，并上翘成一定的角度，形成以其交点为转动中心的框架。在底架上安装有活动舌，与诱饵架组成双翘板的联动机构。老鼠一碰到诱饵架，活动舌就会弹开，夹环就会借助弹簧的力量，将老鼠死死地夹住。

鼠夹要放在室内沿墙较隐蔽的地方，与墙呈直角，诱饵可以用花生米，最好在捕鼠夹周围撒些谷物，也可以在夹上抹些面粉或玉米粉。

尽管这种木制鼠夹看起来有些原始，但它巧妙的设计也能反映出劳动人民的智慧。

大人们在装鼠夹的时候，不允许跟随的孩子们说话。据说，这样捕获老鼠的几率才会更高。把鼠夹设置好之后，就开始等候着老鼠上夹了。

第二天清晨，孩子们还未将衣服穿好，就迫不及待地跑去察看鼠夹的情况。有的时候，颇令人感到振奋。只见鼠夹死死地夹住了一只倒霉的大老鼠，而它也早已一命呜呼。

当然，有时候则连续几天都令人失望；也有的时候，会发现放鼠夹的位置有斑斑血迹，却不见鼠尸。原来，那些被夹住尾巴或一只爪子的老鼠，将鼠夹拖到某一个角落，然后咬断尾巴或那一只受伤的爪子逃走了。对生命自由的迫切渴望，是每种动物与生俱来的本性。

孩子们有时候还会合伙将家里的鼠夹偷出来，到野外去逮麻雀。那时候，麻雀被错误地归为"四害"之一，这就给孩子们逮麻雀提供了一个正当的理由。而今，那些在童年时曾用鼠夹逮过麻雀的人，是否会为自己曾经的残忍而后悔不已呢？但在当时，是孩子们淘气的天性使然，根本不会在意这一点。

他们首先选好适当的位置，由年纪较大点的孩子来安装鼠夹。

因为欲打开鼠夹的两个夹环，是需要一定力气的，有时候则需要手脚并用。因为淘气，被鼠夹夹伤手指的事情时有发生。因此，那些年龄较小的孩子对鼠夹还是心存恐惧的。

安装好鼠夹，便轻手轻脚地在诱饵架上放上一些麦粒或小虫。鼠夹的四周，则捧一些浮土或用青草掩盖起来。然后，他们都退到附近的土沟里躲藏起来。

一些经不住诱惑的麻雀，便会从空中飞下来啄食。只见鼠夹腾得一下弹了起来，顿时羽毛乱飞，一只可怜的麻雀便中了圈套。孩子们用鼠夹逮麻雀，一是为了好玩，再一个就是为了解决肚子里的馋虫。

现在，老鼠的智商也与时俱进，对鼠夹已有警觉并开始退避三舍。而粘鼠板，强力鼠药等，已经成为捕鼠的主要方式。想来，再也不会有哪些孩子会对鼠夹发生兴趣了。

斗 笠

"一物生来身份贵，人人尊它居首位；虽说不是真天子，它比天子高一辈。"这是过去大人经常给孩子们猜的一个谜语。

凝视着那些历经过风雨的斗笠，往昔的记忆是否又会浮上心头呢？

谜底就是"斗笠"。

斗笠，又称"笠帽"、"箬笠"，是一种遮光挡雨的帽子。它有很宽的边沿，多用竹篾或竹叶棕丝等编织而成。

过去，农村几乎每家每户都有斗笠。不管天晴或下雨，农家人出外干活都要把它顶在头上。不仅能够避雨，而且还可以遮阳。

以前的农家妇女，尤其是南方山区的妇女大都会编织斗笠。编织斗笠，要经过砍竹、裁竹、削篾、编框等多道工序。做好之后，她们会拿到集市上去出售。

斗笠，曾经是农家人耕作或出行的亲密伙伴。

这样的斗笠分两种形状，一种是尖顶的，一种是圆顶的。每个制作者都有自己擅长的项目，戴的人也各有所好。

斗笠曾是农家人最亲密的伙伴之一。农家人雨天耕田、整地、起沟、拔秧等，斗笠可以为农家人遮风挡雨。北方的秋收季节，仍比较炎热。农家人在收获玉米或大豆的时候，戴一顶斗笠可以抵挡秋日骄阳的炙烤。他们在劳作的时候，若发现一只肥大的蚂蚱，就会将其捕捉到手，然后将蚂蚱的那两条长满针刺的后腿插入斗笠的缝隙里。

等到大人们伴着夕阳的余晖回家时，往往每一顶斗笠四周都插满了肥大的蚂蚱，它们是给孩子们最好的礼物。当孩子们争先恐后地从斗笠上摘下那一只只蚂蚱的时候，大人们疲惫的脸上也会露出一抹舒心的笑容。

当孩子们玩够之后，那些肥大的蚂蚱就会被做饭的主妇们，小心翼翼地投入到灶火里面。于是，喷香的气息顿时弥漫了狭小的灶房，它们最终成了孩子们的美食。

夏秋时节的雨季，三三两两头戴斗笠的学童，也是乡村的一道亮丽风景。稚嫩的小身形，戴着一顶顶偌大的斗笠，从细雨霏霏的小路上走来，仿佛生长在田野里的一株株蘑菇，可爱至极。

一顶新的斗笠，既要经过烈日的暴晒，更要接受雨水的洗礼。而最先赋予斗笠崭新生命气质的，往往是那些淘气可爱的孩子们。

252

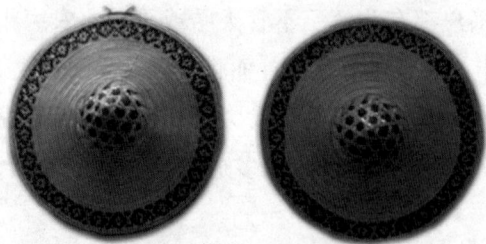

今天，广西毛南族妇女编织的花边斗笠，已经成为一种民间工艺品。

偶遇暴雨，他们就会戴上新买的斗笠，跑到大街上，让暴雨淋个痛快。他们或一起嬉戏，或聆听雨帘叩击斗笠的声响，清新而厚重，美妙至极。

斗笠，曾伴随着一代又一代的人，为人们避过无数的烈日，挡过四季的风雨。然而，世间万物总有兴衰，斗笠也不例外。

尽管它们已经走过了生命的"辉煌"阶段，并令不少人逐渐淡忘。但是，在另外一些人的心中，它们却像一道永不褪色的风景，被永远地珍藏在记忆里！

蓑 衣

一个有点朽烂的木楔，深深地嵌在土墙的泥里。蓑衣就挂在木楔上面，它的整个身体轻轻地依偎着土墙。当夜风吹过木棂窗户，吹进老屋，蓑衣便开始飘荡起来。

那个年代，农家人仍非常贫穷。因为没有钱买雨衣和伞，只能在秋季的时候，到野外割"蓑草"，待晾晒干了之后，利用雨天和晚上的时间编织蓑衣。

在暗淡的煤油灯下，一双双长满老茧的手掌，在慢慢地打着草结，编织着蓑衣。他们将自己淳朴的生命气息，融入到每一个草结当中。

农家人将编织蓑衣称为"打蓑衣"。打蓑衣是一门技艺，其技巧绝不亚于编织毛衣。这门手艺，既靠世代传承，更凭自己的经验。"领"打好之后，继续往下拓展，要疏密一致，两边对称。

过去，农家人的日子很清苦。编织一件蓑衣需要很长时间，不能耽误农活，也不能天天下雨。农家的蓑衣便显得金贵起来。通常是雨天栽苗或外出做其他事情时穿。其余时间，便晾干后，规规矩矩地挂在屋内固定的墙壁处，待下雨时再用。

在农家人的眼里，蓑衣与斗笠是一对形影不离的朋友。

然而，孩子们往往不识愁滋味。在雨天的时候，他们常常瞒着大人将蓑衣拿出来，你穿一下儿，我穿一下儿。全然不顾外面的闪电和雷鸣，跑到外面，欢呼雀跃地嬉戏，让雨水尽情地淋湿蓑衣。被大人发现之后，每个孩子的屁股上都免不了凸起五道红印子。

破旧的蓑衣，农家人也不舍得扔掉。而是扎一个草人，披上旧蓑衣，戴上一顶破斗笠，放在谷子、大豆的地头上，用来吓唬麻雀和野兔，看护庄稼

棕编蓑衣，是过去我国南方地区农民最常用的避雨工具。

不受损失。

旧蓑衣还是夏天乘凉的好物件。往地上一铺，就是一副天然的草床。人躺在上面，非常柔软。苇席铺在地上会很凉，竹帘则更凉，而蓑衣让人感觉到的只是一种温情的抚慰。

此时，孩子们遥望着满天的星斗，看萤火虫与它们比赛光亮，听老人讲那些古老而充满神奇魅力的故事。一只蟋蟀爬上了孩子们手中的蒲扇，孩子在它的鸣声中安然入睡……

蓑衣和斗笠，是天作地合的一对，恰似卿卿我我、缠缠绵绵的情侣，是很少天各一方的。虽然它曾是那么的诗情画意，可是它只代表着一段过去的岁月。

告别蓑衣和斗笠，也是时代进步的一个象征吧！

蒲　扇

"扇子有风，拿在手中；有人来借，等到立冬。"

这一首古老的打油诗，说的就是蒲扇。以前，农村人家里没有电扇，更没有空调，蒲扇是使用最广泛的防暑降温工具，几乎家家户户都有几把。

蒲扇，又称"芭蕉扇"，由蒲葵叶做成的，大似荷团，小如帽子。这种扇子，扇面薄，重量轻，扇出的风柔和凉快，而且它的价格十分低廉。过去，人们用蒲扇煽风纳凉、驱赶蚊蝇，成为乡村农家生活的一道常见风景。

过去，蒲扇是人们盛夏乘凉的必备之物。

每当进入夏季，大街和小巷里，时常能见到肩挑扁担的商贩，在扁担的两头挂满了崭新的蒲扇。听到吆喝声之后，村子里的妇女就会陆续地围过来。无论买不买，都要上前看一看，且爱不释手。

旧时，每当夏季来临之时，街市上随处可见挑着扁担叫卖蒲扇的商贩。

尽管家中已经有了几把蒲扇，但若遇到价钱公道时，她们还是忍不住买上一两把，用来替换坏掉的无法修补的蒲扇。

新买回来的蒲扇，凑上前闻一闻，有一股类似麦秸的清香味道。勤俭的农家主妇，便会用一条长长的布条沿着蒲扇边沿用针线缝好。尽管这样显得有点笨重，但结实耐用了许多。

从初夏到中秋，不管天空中有没有月光，农家的场院上都将上演属于乡村的保留节目——纳凉。

蒲扇，则是这个节目的主要道具。夜幕降临，悠悠的晚风拂来，人们一个个摇着蒲扇次第登场了。瞬间，场院上便热闹了起来。"噗——，噗——"，蒲扇摇摆的声音，顿时成了乡村的主旋律。

人们不仅用蒲扇来煽风，更重要的是用它来驱赶那凌空而来的蚊蠓。农村里杂草多，蚊蠓也就多。白天还好些，到了傍晚，蚊蠓便成群结队地出动了。

它们飞到街巷上空、门口和院落里，透过黄昏的光线看着，如一团团飘移的黑色细絮。然后，它们朝着街头乘凉的人们扑来。这个时候，蒲扇便成为人们手中最有力的反击"武器"。

人们一边挥着扇子，一边拍打着那些靠近自己身体的蚊蠓。虽然蚊蠓的嗡嗡声不绝，但也许是它们忌惮蒲扇的威力，只能与乘凉者保持着一定的距离。

对于孩子们来说，夏夜里最好看的除了天空中闪亮的星星，还有那些和星星一样提着小灯笼飞在低空的萤火虫。等它们飞近了，孩子们举起蒲扇轻轻地一拍，萤火虫便落到地上了。他们赶紧捡起来，将其装进一个玻璃酒瓶里。等装了数十只的时候，那个玻璃酒瓶简直变成了一盏瑰丽的灯盏。

乘凉的时候，孩子们最爱听大人讲济公活佛的故事，他手里拿的就是一把神奇的蒲扇。

蒲扇，也是爷爷、奶奶们说书的道具。当他们一脸慈祥地摇动手中的扇子时，孩子们就会呼啦围上来，急切地等待着捡拾又一个被蒲扇扇落的"故事果子"。

在当今这个空调、电扇唱主角的时代，那些曾经陪伴人们度过无数美好时光的蒲扇，已经淡出人们的日常生活。

然而，我们不应该将身上那份淳朴的品质丢弃，更不应该把那些陪伴我们走过无数风风雨雨的老物件给遗忘。我们有必要将这份真实而美好的记忆，永远地留在心中！